A Training Approach for Forging Runners' Mind and Will and Thereby Improves Physical Performance

A RUNNER'S HEART

跑者如何以身練心

第一本出自專業教練，
專為跑者設計的
「心智與心志」訓練策略

徐國峰 ——— 著

目錄

前言

對跑者來說，體能的強弱很容易理解，沒有模糊空間，利用現代科技也很容易量化：誰的最大攝氧量愈高，誰的乳酸閾值配速愈快，就代表他的體能愈強。力量的強弱也很明顯，例如最大肌力和爆發力，前者可以直接量測各個動作的「一次反覆最大重量」（1RM）；後者則可以用功率高低來判斷。尤其在跑步功率計問世後，跑者在體能與力量上的整合能力，已可以在跑錶上即時呈現。

跑步技術水準的高低是否也可以量化呢？在運動科學中，最直接的量化方式是量測「次最大攝氧量時的速度」（sub-VO2max Speed）：若有三位跑者，最大攝氧量都在60ml/min/kg以上，那我們就可以量測他們在攝氧量50ml/min/kg時的跑步速度是多少（60ml/min/kg以下都是他們的「次最大」攝氧量）。假設其中一位跑者的速度最快，代表他身體使用氧氣的效率愈高（跑步經濟性較高），也就代表這位跑者的跑步技術愈好！但另外兩位跑者的技術差在哪裡、差多少，就是另一個分析與量化的問題了，而且這個問題的難度與複雜度就高很多。這邊只是讓各位讀者理解，要找出誰的跑步技術最好，是相對容易的，因為可以量化。

既然跑者的體能、力量與技術都可以做到量化，那麼跑者的「心」

呢？我們有辦法量化跑者「心」的強弱、高低或厲不厲害嗎？或者，該用什麼形容詞來表述「心」的能力？一位跑者的「心」可以訓練嗎？訓練的目標何在？又該怎麼練？

　　這些問題正是本書要探討的。

1
理論篇

【第 1 章】

練身與練心的關係

　　若把跑者的訓練分為「練身」和「練心」，其中「身」的訓練可分為體能、力量與技術三者。本書的重點在於「練心」，但若能先把「練身」三元素的意義、價值，以及身與心之間的關係先釐清，將有助於了解跑者那顆虛無飄渺的心該怎麼練。

練身三元素

　　「體能」好比汽車的引擎、供油、散熱系統，對比到跑者身上即是「能量代謝系統」。它跟運動員身體裡能量儲存的量以及代謝的速度與效率有關，包括心肺能力、肌肉端產生 ATP（三磷酸腺苷）的能力、有氧或無氧代謝能力等。這個領域的研究主要是在探討能量產生的方式及如何有效訓練與提升。然而，人的體能有其上限，有的人可以有很大的進步空間，有的人則很小，但不論天份高低，沒有人可以無止盡地向上提升體能。

　　體能是運動表現的基礎，如果沒有了能量，不管意志力再強大、身體再強壯、技術再高超，沒有油的汽車／沒有能量的身體就是無法

移動。但也因為體能是基礎，所以當基礎打穩後就應向上發展，而不應過度執著於體能訓練。

　　因此我們要理解：體能只是跑步訓練的一部分，並非全部；它很重要沒錯，但「體能好」並不一定「表現好」。

　　體能訓練之目的可以用一句話說完：提高身體運用氧氣的能力。

　　體能只是能量，能量要向外展現，需要身體所展現出來的力量。力量不只是肌肉力量（肌力）——肌力只是力量之一，單有強大的肌力，並無法保證能把力量施展出來，因為優質的力量除了最大肌力、肌耐力與爆發力之外，還需要活動度、穩定度、支撐力、彈力。

　　相對來說，力量的保存期限會比體能長一點。若訓練得當，一個人在中年後還是能保持健美的身材、平衡與有力的身體。但身材健美、肌肉大不一定能展現出耐力所需的「支撐力」，有些選手肌力不大，但支撐力比較好。

　　力量訓練可分為「基礎力量」和「專項力量」。前者是每一種運動項目都要練的基礎，它所要練的動作都差不多。有了一定的基礎，後面的專項力量與技術比較容易練得出來。專項力量則跟運動項目有關，例如游泳、自行車、足球和跑步的「專項力量」所要練的動作會有比較大的差別。但「基礎力量」則大同小異，這個大同中就一定有蹲舉、硬舉、上膊⋯⋯等。若要討論某一項運動的「專項力量」，就必

須先了解該項運動的「技術」，因為專項力量是為了服務特定的運動技術，所以若不懂該運動的技術，就無法設計專項力量課表。

　　用汽車來比喻，只有大容量的油箱以及強大的引擎（跑者強大的體能）並無法保證車子可以跑得快或遠，還必須要有足夠強大的傳動系統，如輪框、輪軸、車身的穩定性……等，所以跑者也需要有足夠強壯的力量，才可以把能量持續地轉換成動作。如果過程中任何一個「動力鏈的環節」變弱或甚至失能（例如抽筋、拉傷或關節發炎），此時不論能量還剩多少，引擎有多麼強大，技術多麼高超，動作將失去效率或完全失去功能。

　　所以跑步力量訓練的目的是：提高身體結構的穩定度與強度，並提高做功能力。

　　體能與力量（簡稱「體力」）是跑步表現的基礎。沒有體力，就沒有表現。但有體力，技術不一定表現得出來。體能與力量，我們在此簡稱為「體力」，它倆是跑步表現的核心能力，想要跑得好，需要有體力。

　　但有了體力，如果沒有運用體力的「技術」，那不只會跑不快，跑不遠，跑者練就的超強體能也很可能會反過來傷到自己 —— 你可以想像一下，把一輛性能優異的跑車交給一位沒有駕照卻想開快車的青少年，會有什麼後果。

因此在跑者的訓練中，技術的訓練是不可獲缺的。體力當然很重要，但有體力，技術不一定表現得出來，所以技術好比竅門，體力好，也要竅門寬，才能展現出高超且持久的技能。如果體力很好，竅門很窄，就無法有效輸出成更高水準的運動表現。想要開竅，必須刻意開發技術的知覺，才能提高運動表現。

體能 ➡ 力量（基礎力量 專項力量）➡ 技術（竅門）➡ 速度（跑步表現）

但什麼是好的跑步技術呢？我們可以用一句話概括：多餘的動作愈少，跑步的效率愈高。

可是當速度愈快，跑動的時間愈長，就愈難減少多餘動作的產生。想要在高速與長時間的跑步過程中維持「精簡的動作」，那就需要透過學習與練習才能做到，而且也需要有體力的支持（體能與力量）——體力不足時，優異的跑姿和技術是練不出來的。

跑者的「技術」好比汽車駕駛的技巧。車子是硬體，技術是看不到的軟體，如同賽車手的開車技巧。同一台車，在同一條賽道上，F1賽車手可以開得比一般人快，是因為技術的差距。因此，如果有兩位跑者的體能與力量完全相同，那跑步的技術將決定這兩位跑者的成績差異。

跑步技術訓練的目的是：降低受傷風險，提高跑步經濟性。

以身練心

一個身體健康的人，只要開始練跑並循序漸進地練下去，體力就會一直進步，一開始會進步的很快，但認真訓練個兩三年後，它會接近上限。此時再練，成績還是會進步，但它跟體力就關係不大了。不過很多人把「跑步進步」和「體能高低」劃上等號，為了追求進步就拚命練體能，像是拉長跑步距離、加大跑量、跑更多間歇之類的方式，更有許多跑者以為進步只跟體力有關。其實還有「技術」與「心」這兩個元素也極其關鍵，它們很容易被跑者忽略掉。

前面說過，體力會隨著年齡而下降，「技術」與「心」的成長則不受年齡的限制。技術很特別，它好比軟體，軟體的優化沒有極限，如果不斷鑽研與練習，可以不斷的進步。技術的提高又跟心的狀態有密切的連動，這也是本書接下來的論述重點。

想要維持體力，關鍵是要規律訓練；但想要持之以恆地規律練下去，重點在「心」。而這顆心不能完全只靠意志力去逼迫自己進行訓練，只靠意志力強逼自己去訓練，久了會排斥、會厭惡。必須讓自己（或學員）打從心底喜歡訓練，找到訓練的樂趣，這樣體能的訓練才能自然而然的持續下去。

身體的訓練是指體能與力量；技術則介於身心之間；心，最為隱晦，但也特別重要，平日訓練時若心志不夠堅定或已逐漸無心於訓練，不論現在的體力再好、技術再高超、課表再科學，一切都會逐漸歸零。或是比賽當日如果心不夠穩定，或太過執著於成績，也會無法

發揮應有的表現。

技術與「心」之間有著緊密的連繫，例如一位太在意成績的全馬跑者，想在3小時以內跑完全馬，這代表平均每公里只能花4分16秒（也就是平均配速4:16/K）。如果他心裡一直想著這個配速，不斷反覆看跑錶上的配速，當他跑出4:20/K時他會很擔心，怕自己太慢了，後面會追不回來，於是不顧身體的反應而加速；當他跑到4:10/K時也會很緊張，怕自己跑太快了，後面會跑不動，此時或許原本不覺得累的身體，因為看到錶上速度太快了而感到擔心和緊張。他跑慢時心裡擔心，跑快時心裡緊張，擔心和緊張的心情都會使跑者無法專注在跑步本身的動作上，此時跑步技術一定大打折扣。

因此，我認為對一位想要追求成績的跑者來說，要先「有心」訓練與比賽，才能把身心的資源整合起來，進而發揮最佳表現。然而，有心並不容易，如何好好照顧跑者的心，讓它能健康的成長茁壯，應該是跑者在訓練中應該重視的一環。

在擔任教練的過程中，來找我的跑者目標各異，有為了完成初馬、挑戰個人最佳表現PB，或是明確指明全馬想要破三、半馬想要破二，或是想要通過體能檢定考試。在安排課表時，表面上的訓練目標是為了達到他／她們的成績，但我心裡面是把訓練看成身／心兩者的優化與整合過程，我更看重的是如何讓這個過程更加符合跑者當前的能力與需求，成績只是最終外顯的結果。

簡言之，課表、數據、科學化的訓練原則與跑者的身體都是手段，練心才是目的。「以身練心」是我在安排跑者課表時的中心思想。

看不到的更重要

　　從「看得見」與「看不見」的視角來說，最表層的「技術」動作是最顯眼的，有時外行人也能看得出一位優秀的跑者有哪些是優美的動作，比較難辯識的反而是偏差動作。偏差的動作可能有千百種，但優美技術的動作模式會很相似。

　　表層的技術之下，在第二層的「力量」上，很強壯的人可以舉很重的重量，從舉起的重量就可以明確量化力量的強弱，但肌纖維的組成、收縮的方式等則是我們看不到的，除非能把身體切開才看得到。

　　第三層的「體能」更是如此，我們知道身體裡一直在產生能量，但那已是分子層級的運作，就算切開身體還是看不見，要用顯微鏡才能看見。

　　第四層的「心」更是幽微，此時倍數再高的顯微鏡都不管用了，心的運作已非實體，並非肉眼所能看見，但它卻最重要。最重要的事往往最容易被忽略，就像水和空氣，若沒有了空氣，我們幾分鐘後就會死；若無心訓練，一切都失去了意義。心在最底層，若跑步對跑者來說喪失了意義和價值，那體能、力量或技術的訓練再科學都沒用了。

反者，動之道：訓練的自然規律

　　從下頁圖1大家應該有注意到，心、體能、力量與技術是一個迴圈。「技術」的特別之處在於它是「身」與「心」之間的連結。優秀

圖1 訓練的自然規律，一種老子的觀點。

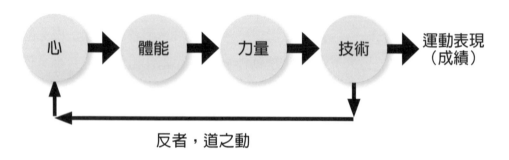

心　→　體能　→　力量　→　技術　→　運動表現（成績）

反者，道之動

的技術除了需要有充足的體能與強韌的力量支撐，同時也需要一顆堅強與沉穩的心靈。當跑者愈能保持內心的平靜與安定，技術的水準就愈能開發／發揮出來。

　　「反（返）」的概念來自於老莊思想。老子說的「返樸歸真」、「復歸於嬰兒」與莊子所說的「坐忘」背後所傳達的哲理，就是忘掉過去的能力與成就，然後「重『新』再來一次」。教練如何讓學員（或跑者如何讓自己）回到最初的地方，在訓練當下忘掉過去，同時又不去預期訓練會帶來的效果，因為那種「預期」的心理，反而無法帶來真正的效果。

　　跑者必須用一種嶄新的心態來體驗動作本身帶來的感覺，而不是去期待動作與訓練會帶來什麼的效果。訓練時要把課表與動作當成全新的（或是，教練要引導學員把當天的訓練，變化成一個新的樣

子），如此對知覺的刺激才會鮮明。

　　這麼思考下來，對於訓練有素的運動員，或是對於熟悉技術動作的學員來說，需要的是「復歸於嬰兒」那種「復」的工作，就像重看一部電影時要先把劇情的細節都先忘掉，才能重新體驗樂趣、重新帶來啟發、重新帶來改變。如同過年時常見到的春聯「一元復始，萬象更新」，想要「更新」，就必須要能夠「忘」、「返」、「復」，亦即要有重頭來過的過程，才會產生新的啟發、新的進步。所以，「新」的生機就必須是一種從「心」出發的過程。

　　「反（返）」是自然的規律，是一種自然的動態過程，所以老子說：「反者，道之動。」為了順應自然，返回到底層、返回到最初的地方，才是不斷提高表現的關鍵。舉例來說，當跑者碰到瓶頸，此時需要的不是更難、更高強度的訓練，而是回到最基本的技術，把最簡單的動作和課表練得更好後，才有可能再往上突破。

　　道進乎「技」。技術是「練心」的關鍵，從「以身練心」的角度來看，體能與力量訓練是為了練就更高的技術。技術是運動表現前的最後一道窄門，但想要開竅，除了技術訓練，也要同時提高「心」的境界，這即是圖1從「技術→心」這個箭頭中所提到「反者，道之動」的意義所在。

減少能量流動時的衝突與阻礙

　　透過前面的說明，我們已經了解一個重要事實：身體的動作

（Movement）只是「能量轉換」過程中我們肉眼所見的最終產物，裡頭還有一些看不到的「活動」，像是肌肉的收縮和身體內部的生化反應，這些是我們肉眼看不到的。肉眼看得到的部分是身體的動作，它是以力學方式展現出來。力學（那些看得見的「活動」）是最末端的能量表現形式；肌肉的收縮與身體內部的化學反應雖然看不到，但運動生理學家已經用現代科技證實其存在，許多論文和教科書也向我們解說了身體內部那些無法用肉眼觀測的活動。人很容易受到可見事物與實證科學的吸引，所以現代訓練大都只專注在「體能」與「力學效益」的提升上，反而把「其他看不到的」以及「無法用實證科學呈現」的活動都排除在外。

那些看不到且無法量化的活動，就是「內心的活動」。

不論是何種活動，都需要能量，包括內心的活動也需要能量。有了體能，一切的活動才能發生。這些能量都可以追溯到我們消耗氧氣所代謝產生的能量，「攝氧（或說耗氧）」是能量在「身」與「心」之間能流動的源頭。

能量的消耗可分為三層：

基礎層：身體代謝所產生的能量（可由耗氧量換算）
生理層：身體代謝能量＝總做功＋熱能
　　　　・消耗氧氣來代謝身體所儲存的能量（像是醣類和脂肪）
　　　　　轉換成「總做功」＋「熱能」。
　　　　・轉換過程中廢熱愈少，轉換率愈高。

力學層：總做功（訓練量）＝動能＋位能

- 第 2 層：「移動總做功」轉換成向前移動的速度、跳躍或爬升的高度，這一層的轉換率高低跟力量與技術有密切關係。

從「基礎層到生理層」，以及「生理層到力學層」這兩層轉換當中，都會浪費許多的能量。但不論是練身還是練心，最重要的目標之一，都是在減少能量的耗損，以及提升「攝氧量→速度」的轉換率。要達到這個目標，關鍵就在「減少能量流動時的衝突與阻礙」。這類衝突有可能發生在：身與外在環境之間、身體內部、身與心之間，以及心的內部等四個領域。下面各舉一例說明之：

身與外在環境之間：當天風很大，跑者必須對抗更大的風阻才能加速。

身體內部：某跑者前大腿肌肉太僵硬，因此拉起腳掌的動作之前，要先用力把自己前大腿拉開，腳掌才抬得起來，這就是屬於身體內部的能量耗損。

身與心之間：比賽時太在意自己的表現或其他人的看法，內心過度緊張，從而造成身體的緊張，影響了動作的流暢度。

心的內部：當你覺得要動用意志力逼自己把今天的課表練完，或要逼自己撐著跑到終點時，內在衝突已經發生。

　　不論是哪一類的衝突，衝突發生的時間愈長，能量耗損就愈大。但要注意的是：在訓練和比賽過程中不可能完全不發生衝突，關鍵是要及時化解衝突、移除擋住能量流動的障礙，讓能量在身心之間循迴往復地順暢流動。

幾種與「心」相關的衝突與阻礙

　　由於與「心」連接的是「體能」和「技術」這兩個元素，所以跟「心」相關的衝突與阻礙，最常發生在「技術與心」以及「心與體能」之間。因此，「練心」跟「體能訓練」與「技術訓練」的關係也較為密切。

　　早期我在訓練鐵人選手時，有不少學員是小時候練過游泳的選手要轉練鐵人三項，他們的底子非常好，這個底子是指「技術底」。成年後當他們要重新訓練時，腦海裡游泳技術的程式還在，但體能已經差很多了（有心練、有技術底，但沒體能），所以在重新投入訓練初期，「心」和「體能」之間會產生較大的衝突。對他們而言，他們很有心要練，但體能跟之前比差太多了，所以落差很大，他們需要慢慢把體能練起來，當體能跟上後，「心與體能」之間的衝突才會慢慢緩解，隨後速度就會自然表現出來。

　　另一個例子是動漫界《灌籃高手》中的角色。在我創設的專業跑步培訓系統KFCS裡，有一位跑步培訓教練（坤峰）於2022年課程進行「練心」時提到《灌籃高手》中的射手三井壽，他在日誌中寫道：

「三井壽這個角色，在國中時期是全日本最強的射手之一，但升上高中後成為不良少年，沒在練球，體力差很多，後來在隊友和教練的引導和鼓勵下重新加入籃球隊，他重新燃起想練球、想替球隊贏得比賽的心。漫畫中刻畫他的心中充滿熱血和鬥志，加上他的射籃技術超強，所以成為球隊打進全國大賽的關鍵人物，但因他體力太差，時常無法維持表現。」因為當他想要繼續待在場上為球隊貢獻時，內心裡的潛意識卻因體能不足而想要逃避與休息，這股內在兩種意識的拉扯在漫畫中有絕佳的呈現。如果有看過這部動漫作品的人，想必能了解「心與體能」的衝突為何了。

另外，一位技術非常優秀的跑者，很可能會因為不夠「虛心」（太自滿／太驕傲）而無法再上一層樓。「心」太滿了，位能太高，使得能量無法從技術回流到心。此時表現出來的形式是：跑者覺得自己已經很強了，不必再重新學習，沒必要再練這些初學者的動作，所以無法沉潛下來重新回過頭來練基本動作，這樣也會阻礙跑者的進步。

還有，心裡的恐懼感也會造成能量回流的障礙。比方說有一次在冬季的凌晨四點多在花蓮鯉魚潭跑步，天色全黑，而且沒有路燈，雖然我維持的速度使能量在體能→力量→技術這三個元素間流動都很順，但卻在「心」中卡住了，因為眼前什麼都看不到。就算路線很熟，但心理的恐懼讓我跑起來提心吊膽，動作很順、速度沒有壓力，跑起來沒有壓力，卻無法進入放鬆狀態，那是一種很憋扭的感覺。這即是「技術與心」的阻礙。

還有一種情況是某些技術頂尖的跑者，在比賽時太過緊繃，無法

放手讓身體自動去執行已經安裝在身體潛意識裡頭的跑步技術（程式）。所謂的「放手」，是一種「去智」的過程（自主意識放手），就是讓顯意識不再緊抓掌控權，不去主動控制肢體的動作，這樣潛意識中的跑步程式才能流暢地自動運行。

所以那些已經具有優質技術的跑者，要想把技術發揮出來，還需要在跑步時能做到專注且放鬆、無懼的心、以及想跑和「享跑」的情緒，這樣才能把開發出來的技術運用在賽場上。尤其在比賽時，速度很快，要能在高速下維持放鬆，需要刻意練習才做得到。因為放鬆比用力更難。關於這點，會在下面的章節中詳論之。

內在的衝突

太多思想、情緒和欲望時，它們之間會產生衝突，例如思想和情緒的衝突，或是思想和欲望的衝突。或是欲望太多時，不同的欲望之間也會產生衝突，例如你想要再加速、想要跑得更快，但肺部裡二氧化碳的濃度太高了，身體受不了，身體本能想要停下來好好喘氣，把二氧化碳清乾淨，不想再加速來增加二氧化碳的產量了，如此一來「想要加速」的欲求和「想要停下來喘氣」這兩股需求之間就產生了強烈的衝突。

關於思想上的衝突，在資訊爆炸的時代也很容易發生。例如你在一本書上看到要腳跟著地、要推蹬加速，但在另一本書上看到要前腳掌著地，不要刻意對地推蹬。兩位作者都很有名，你也覺得他們的

論點都有道理，此時就產生了思想上的衝突。對於想要進步的跑者來說，學習太多跑步相關的理論會對突破個人成績有阻礙，尤其是不同理論之間形成衝突時，更是會防礙訓練與進步（這是思想之間的衝突）。

前面提到的KFCS跑步教練（坤峰），在日誌中還說：「現在回想，發現到雖然教練（在5K課表中）有規劃每一週的訓練量，但實際在訓練營，教練並不會主動或刻意強調請學員去看訓練量這個指標，只需規律的完成課表就好。所以對學員來說，其實傻傻的跟著課表執行就好了。」

沒錯，身為學員，想得愈少愈練得好（思想層愈單純愈好）。想得多時，思想層很容易產生衝突，這會帶出更多的「情緒」、「意圖」或「欲求」的衝突。

思想會帶出情緒：這是我們常用的「思緒」一詞背後的意義，是自己的思想、觀念帶出各種交織而成的情緒。

思想會帶出欲求：這是我們常用的「想要」一詞背後的意義，有認知，才會去追求。例如還不知道可口可樂是什麼的三歲小朋友，在天熱口渴時是不會想要喝可口可樂的。學得愈多、認知愈多，欲求愈容易滋生，造成心裡的各種思想和欲望會更容易打架。

所以我們說，思想層面愈單純，會練得愈好。

從「和解」的觀點來看待訓練

「練心」的目標有很多種表述方式，其中之一是：化解衝突、追求和解。

假設一位跑者練了很久，目標設定在全馬跑進3:30:00（3小時30分），也就是馬拉松賽事中以五分配速（每公里花5:00）的平均速度完賽。開跑後他過度執著於這個目標，看著跑錶時而加速時而減速，跑快的時候擔心，跑慢了覺得緊張，無法專心在跑步本身，擔心或緊張的情緒也讓肌肉跟著變得緊繃。那他還能完全發揮表現嗎？

這樣的衝突，經常出現於「在賽場上設定過度明確的目標」的情況中。而練心的主要目標之一，就是在於能在賽場上與自己和解，減少內心的衝突。本書在第二部份提到實務訓練時，會更詳細解說如何追求內在和解。

在第一章裡，我們解說了「心」與外部元素之間的關係，以及從「心」出發的能量可能會產生的衝突與阻礙。接下來我們要深入到「心」的內裡，從「心」的兩層功能來了解「練心」的意義。

心口不一

　　我常在跑步教練培訓課和跑步講座中提出「喜歡跑步嗎？」這個問題。2022年的5月，有幸到臺北鐵人扶輪社的例會中演講，與會的22位線上線下聽眾中，有12位舉手說「喜歡」。

　　接著我又問：「關於『跑步』，你會想到什麼？」我請大家把心中浮現出來的詞彙以直覺、不要思考太多的方式快速寫下來，這是一個非常有趣的過程，下面是聽眾們的反饋，整理如下：

聽眾1：runner's high
聽眾2：獵豹、速度、喘、心流、配速
聽眾3：痛苦、爽、流汗、速度、累積
聽眾4：PB、間歇、賽事、開訓、Nike
聽眾5：速度、舒壓、堅持、無趣、便宜
聽眾6：堅持、瘦身、健康、快樂、優雅
聽眾7：音樂、水、路徑、速度、休息點
聽眾8：開心、很累、毅力、受傷、朋友
聽眾9：心率、均速、時間、耐力、很喘

聽眾10：跑鞋、步頻、跨距、心跳、屁股

聽眾11：追焦、速度、心情、風景、呼吸

聽眾12：跑姿、優美、團練、跑山、破二

聽眾13：音樂、抽筋、補給、呼吸調整、冰

聽眾14：小腿、跑鞋、腳踝、跑的慢、河堤

聽眾15：開心、暢快、流汗、心跳快、馬尾

聽眾16：甜甜圈、甜蜜蜜、舒服、奔馳、開心

聽眾17：速度、協調性、耐力運動、飛行、汗水

聽眾18：很喘、心率加快、流汗、風的聲音、配速

聽眾19：間歇、步頻、早起、休息、前脛肌、馬克操

聽眾20：衝刺、爽、快點結束、再抓一個下來、美女都比我快

聽眾21：很喘、間歇、為什麼要跑、很熱、跑步姿勢好不好看、腳踏出去不正確

聽眾22：腰酸背痛、跑鞋、腳痛、很喘、心跳加速、流汗、不舒服、想回家、跑完喝啤酒

　　總計114個詞彙中，明顯的「正向」詞彙有17個，約佔總詞彙數的15%，例如開心、優雅（優美）、舒壓、健康、快樂、飛行、心流、暢快、甜蜜蜜、舒服、奔馳、爽、朋

友、runner's high 等。

　　明顯的「負向」詞彙有27個，約佔23.6%，計有：
（很）喘、心跳快（心率加速／加快）、無趣、很累、快點結
束、美女都比我快、跑的慢（沮喪）、腰酸背痛、腳痛、不
舒服、想回家、抽筋、為什麼要跑、很熱、跑步姿勢好不好
看、腳踏出去不正確、受傷、小腿（不適）、腳踝（不適）
等。

　　我做過多次這種統計，上述社團算是過去我分享過的群
體中，正向詞彙比例最高的。沒錯，15%就算很高了，最
低的只有5%，一般來說都在10%左右。這個團體的負向詞
彙也很少，只有23.6%。過去統計過的群體中，最高曾出現
50%是負面詞彙。

　　因此，這個社團是一個相對來說，打從心底比較喜歡跑
步（耐力運動）的群體，也就是心口不一程度最低的。過去
我曾碰到過的群體是：很多人舉手說很喜歡跑步、很喜歡參
加路跑賽，但一統計下來，他們快速寫出來的詞彙中，負面
詞彙高達50%，正面只有不到10%，這種「心口不一」現
象，代表他們內在兩種意識之間的衝突。

【第 2 章】

練心智 vs. 練心志

　　早期我在研究「練心」這個主題時，最困擾我的問題是：我們要練的「心」是指「心智」還是「心志」？這兩種差別在哪？對跑者的表現分別會造成哪些影響？在本章中，我們將探討這兩種「心」的定義，以及它們跟跑步訓練之間的關係。

　　「心智」可對應到英文 Mind，另一個常用的詞彙是「理智」，從這個名詞我們可以了解心智的特性是具有理性，能進行客觀且邏輯的思考，也能進行無中生有的想像。若要排名次的話，人類的體能與力量在動物界屬末段班，但絕對排得上第一名的是心智的能力，還有思考力與想像力——我們的「思想」（Thought）。

　　「心志」對應的英文是 Will。長距離跑者最常被人稱道的特質「意志力」就是英文的 Willpower，所以我們可以用「意志」這個比較常用的概念，來理解「心志」的意義。它指的是我們心裡強烈想要的東西、想要達到的目標、我們的夢想，或者更通俗的說法——我們的「欲求」（Desire）。

思想 → 欲求 → 行動

前面我們已經解釋過身心之間的階層是：心→身。而身有三個元素，因此更詳細來說，可以這樣表示：心→｛體能→力量→技術｝。亞里斯多德在《欲求與行動》（Desire and Action）第四章〈思想、欲求在執行動作前做扮演的角色〉中提出一個很明確的階層關係：思想Thought→欲求Desire→行動Action。

「心」可分為「心智」和「心志」。心智的功能是思想；心志的功能是欲求。因此身心之間能量流動的方向可以寫成：心智→心志→｛體能→力量→技術｝。

還可以更進一步簡化成：心智Mind→心志Will→｛身體｝Body。

思想、欲求與行動是功能；這些功能的本體分別是心智、心志與身體。但為何是（心智）思想在先，後有（心志）欲求和行動呢？我們可以用這個簡單的例子來說明：有個三歲小朋友，不知道時間、秒數是什麼，所以他不可能「想要」進步或是以破PB為目標去努力訓練的。我們一定要先認識到某些我們所渴望的事物，才會形成「想要」的心，也就是欲求，接著才會採取行動。所以一位從來沒有看過可口可樂的人，並不會走到便利商店去跟店員說我想要買可口可樂（那個「行動」不會產生）。

認識到哪裡（亦即認識的深入程度），將決定你採取行動的正確度與細膩度。跑者必須對他所要練的課表的執行方式、訓練目的，有一個很明確清晰的認識，這樣才能提高訓練的意願，也才能進一步提

高訓練的品質。

　　而偏差的思想會產生偏差的需求、意圖、願景、夢想與行動。如果跑者認為可以透過加快擺臂來加快速度，基於這種思想，每當這位跑者產生「想要加速」的意圖時，就會用力擺臂，平常訓練的需求上也會轉向「如何提升擺臂的速度與力道」。但是，我們已經可以用很簡單的方式證明擺臂速度和跑步速度之間沒有直接的因果關係（不妨試看看在原地不斷加快擺臂的速度，此時身體移動的速度仍然是零）。

　　又比方說，有些跑者認為跑步訓練＝體能訓練，或是想要進步就只能透過提高最大攝氧量，這類的思想，會使得跑者不斷練間歇跑，要不然就是一直往加大跑量的方向去訓練。此時只注重體能的訓練，而忽視了力量與技術。

　　我認識有些跑者學到了最大攝氧量的相關知識後，會把訓練的需求只放在如何提高最大攝氧量，甚至想要透過強大的意志力來練跑步，只以「提高體能」為目標和願景，所以在行動上就不斷加大跑量、不斷提高強度。這些跑者在思想端沒有認清事實：「最大攝氧量無法一直進步下去，它努力練個一兩年就會接近上限，而且體能好不等於更快的跑步速度。」認識不清的結果，將導致偏差的訓練需求，以及無效且可能造成傷害的加速意圖與動作。

「心智」是跑者不斷突破的根源

　　經由上面的論述，先幫大家整理一下身心之間在本體和功用上的

相應關係。

本體面：心智→心志→身體

功能面：思想→欲求→行動

若我們把跑者身心之間的能量循環流動的詳細關係圖展開來看，即為：{心智→心志→體能→力量→技術→心智}→運動表現

可簡化為：{心智→心志→身體→心智}→運動表現

上述的簡化關係，我再進一步繪製成下圖。在這張圖的最右方是肉眼看見的「行動（Action）」。能量來到身體後，須返回到「心智」。「心智」最主要的功能「思想」是運動的根源，也是能量從身體端回流到「心」的連接點，需要特別展開來解說。

「思想」需要有素材，而素材來自「觀察」與「感覺」。我們剛出生時還無法思考，因為還是一片白紙，矇懂未知，我們能夠做的是觀察與感覺週遭的環境，等到觀察與感覺夠多之後，才能慢慢去「思考」那是什麼？

例如小男孩第一次看到爸爸的黑色咖啡杯，好奇去摸它，感覺到燙，很痛，反射動作快速收手。他就想（思想），那個黑色的東西壞壞。第二天他忘記了，又再去摸一次，又被燙到，因此這個小男孩的想法形成一個「理論」：爸爸在用的黑色的東西是會讓人很痛的壞東西，它是不好的，絕對不要去碰它。

有天他聽到爸爸跟媽媽說把我的「咖啡杯」拿給我，小男孩學到了「咖啡杯」這個概念，有天他的朋友來家裡玩，他看到爸爸的「咖啡杯」就跟他的朋友說，那個叫「咖啡杯」的東西是會讓人很痛的壞

圖 2　跑者身心之間的能量循環流動

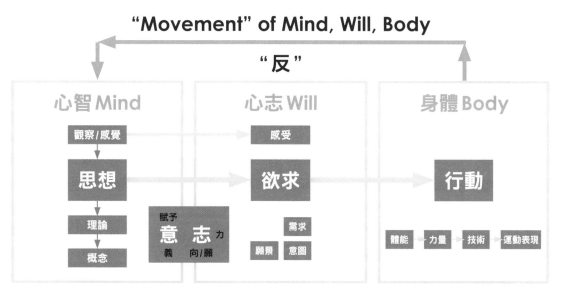

東西，它是不好的，絕對不要去碰它。

　　這個小男孩的心中先有了一個偏差的思想，形成了錯誤的理論／結論（咖啡杯是壞東西），接著產生了「制止的意圖」（意志力的一種），並做出了制止他朋友去接觸咖啡杯的行動。雖然小男孩對「咖啡杯」這個概念的學習是對的，發音正確，指涉的物體也正確，但對這個概念的認識卻有誤，也就是說這個小男孩「心智」裡頭的「理論」是錯的。

　　任何影響深遠的理論，都是從長時間的觀察為起點，接著建構出來的。起源是「觀察」，隨後「思想」自然展開，接著很多人就會開始下判斷與形成自己的主觀意見，如果該意見是從外在的表象而發，常常會有偏差。

　　好的研究者，必須先花時間認真地從各種角度「觀察」與「思考」，先不下判斷、不發表任何意「見」，也不去「解」釋觀察到的結果是什麼，讓子彈飛一會，這才是形成正確「理論」的重要過程。因為太快發表意見，會讓人太早停止觀察與思考（考察）。不夠周延的考察時常導致錯誤的見解，錯誤的見解則會使人推導出錯誤的理論，接著就是偏差的行動方針。

訓練方法，來自訓練理論

　　「該怎麼練？」「該如何排課表？」或「該練什麼？」這類都是訓練方法的問題，不同的教練、不同的研究者都有不同的答案。但所有的答案背後都內藏著回答者的思想與理論。

以跑步來說，如果有位跑者認為跨大步（把腳往前跨到臀部前方）可以跑比較快，此種見解導致了錯誤的訓練方法，例如教練朝著加大步幅的肌力和柔軟度來訓練，或是鞋商採用此見解所衍生出的理論開發了為跨大步與腳跟著地的新鞋款。此時因為心智裡內含的理論有了偏差，後續所開發的訓練法或產品自然就無法產生效益，甚至會造成受傷。

這就是「理論」的重要性。要先在心智中確認理論的正確性，後續的方法與行動才不致出錯。

因此，長期客觀的考察與嚴謹地判斷，是確立正確訓練方向的關鍵。在發表意見前先花較長時間「考察」是非常重要的過程，這樣可以避免，只觀察毛毛蟲兩三天，就下了「這是一種爬行緩慢靠嫩葉為生的動物」的結論。

不同理論，導向不同的訓練法

說得更嚴酷一點：若理論錯了，也會設計出錯誤的訓練法。思想偏了，後面的訓練需求、課表和訓練的動作都會愈偏愈多。

唯有透過教育（也就是深入學習跑步），才能使「心智」到「心志」、最終到身體動作，所展現出來的跑步動作不斷向上提升，這裡的提升不只是速度上的，也有可能是技巧上的優化。所以教育要返回到「心智」，在思想端、理論層，都能確認正確性，修正已有的偏差，讓它符合自然原則，才能盡量減少身心之間的衝突，如此才能維持進步的動能。這是只靠意志力無法做到的事。

教練強化「心智」，跑者強化「心志」與「身體」

我25歲就開始擔任教練，一開始太年輕，不自覺會想要展示自己所學的運動科學知識與訓練法，忍不住講太多道理。結果我發現，只要我解釋太多訓練理論，學員的訓練品質反而會下降。尤其針對愈頂尖的選手以及愈需要高度開發知覺的選手，教練講得愈多，他們練得愈差。所以我後來得出的結論是：設法不讓跑者想太多。想太多反而會使他們練不好。

若教練和學員之間的信任度高時，我認為提高訓練品質與效果的最佳分工合作關係是教練負責「心智」端的工作，學員負責「心志」與「行動」。

教練負責思考（邏輯與計畫），學員負責在心裡下定決心與執行（聽命行事）的工作。關於這個論點，我們可以援用《論語・泰伯篇》中孔子講過一句歷來都備受爭議的一句話來說明：

民可使由之，不可使知之。（《論語・泰伯篇》）

白話的意思是：有些時候，人民只要差遣他們就好了，不用讓他們知道背後的理由何在。

很多人認為這句話證明了孔子不民主，認同愚民政策。已故國學大師南懷瑾卻不這麼認為，他在《論語別裁》一書中提到：「事實上對於一般人，有時候只可以要他去做，無法教他知道所以這麼做的原

因，這是我根據幾十年的經驗來的。到今天為止，我是這樣的看法，也許明天更聰明一點，再改變也說不定。不過到今天為止，據我所瞭解，有些人如果要他去做事，先把一切計畫理由告訴他，他去做起來一定很糟糕。好像帶部隊，下命令，三百公尺，限五十秒跑到，跑得到有獎，跑不到處罰。結果跑到了，獎賞他就是了，他一定非常高興。如先告訴他理由，什麼政治學，什麼心理學、什麼學什麼學的，結果他跑到半路上研究起心理學、政治學來了，目標達不到了。據此回轉來一想，孔子的話絕對的對，並不是一般人所說的愚民政策。」1

如果你是一位教練，當你在訓練選手時也應特別去理解孔子這句話背後的涵義。

在某些特殊環境裡，不知道理由、理論，會做得更好、執行力會更高。例如軍隊在演習或作戰的時候，將軍負責謀畫戰略、擬定戰術並下達命令；士兵負責執行命令，盡可能去完成上級交待的任務。而訓練就如同演習，比賽就如同作戰。

　　少私寡欲。（《老子》第十九章）

對教練來說，需要運用「心智」去學習訓練的概念與理論、訓練法，並承擔規劃短中長期目標與擬定課表的責任，在訓練過程中還要觀察學員的狀況並思考如何協助跑者避免受傷、如何監控疲勞與避免過度訓練；而且要在「心志」上盡量降低對跑者的期待，減少個人私心——因為當教練私底下特別看重某一位選手或特別期待選手跑出某

個成績時，不論是否有表現出來，都會對跑者的「心志」形成干擾或壓力。

　　對學員來說，「心志」特別重要，他的目標要夠明確，志向要夠專一，決心要夠強烈，才能發揮他真正的潛能（這幾點在下面小節中會仔細說明）；在「心智」端反而應盡量單純化，做到「去智」，也就是減少思考與分析的部分，只留下「觀察」、「感覺」與「感受」，並透過書寫來表述，讓教練了解到當天的情況。當然，為了讓教練（心智層）和跑者（心志層）能緊密合作，需要紀律或是信任。

　　虛其心、實其腹、弱其志、強其骨。常使民無知無欲。

　　（《老子》第三章）

　　《老子》也有跟《論語》中類似的話來說明同一個道，這裡的「無」不是空無一物的無，而是當動詞用，是刪去的意思。而「知」通「智」，因此「無知」有「去智」的意思；「無欲」有「去欲」或「寡欲」的意思。

　　在賽場上，少點心思、減少對成績的期望，並把注意力放在身體的狀態上，隨時注意補給與筋骨狀態（實其腹、強其骨）並加以調整，比較容易正常發揮。

意外的個人最佳成績

之前某次訓練營結束後，學員已經練得比較少了，但反而在一次對成績沒有期待的比賽中突破了個人最佳成績，他事後給我的訊息中寫道：

「在萬金石大休後，已經忘了有 4 月 15 日有三重馬拉松這回事，心想就用去玩的心態比吧。質量課表只跑了兩次週三的 I 配速 600m×6 與賽前兩天的比賽配速 6 公里，比賽結果卻非常意外的破了 PB，還突破 3 小時 30 分的大關，意外的開心！但這種沒啥練情況下得到這種成績真的是不解阿，看看教練有啥見解？」

這就是上面提到「弱其志」的效果，當你無心於成績時（胸中無大志），反而比較容易正常發揮。因為要有放鬆的心情，才有放鬆的肌肉；有放鬆的肌肉，優質的跑姿才能持續下去。

多用心智來「觀察」，減少控制和分析

從前面的解說中，我們看到心智的功能及其階層關係為：觀察→思想→理論→概念→分析。

「觀察」位於最底層，對跑者來說也最為重要。我在跑步訓練中曾多次提醒跑者，在進行跑步的主課表訓練時盡量減少控制，放手讓身體自動去執行動作。

我們要做的是去「觀察」自己身體的變化，當腳步變沉重或呼吸節奏亂掉時就要主動放慢下來，讓身體緩一下，有時這種緩一下的過程就能在後續的比賽或長跑課表中再回到原本的輕快感。

有次我在跑步訓練營中跟學員們說，跑主課表時要「多觀察，少控制」。事後學員在討論區提了一個相關的問題：「教練提到在跑步時要『多觀察而少控制』，請問如果觀察到有一些要改善的地方，比如說跑到幾分鐘後，發現身體重心偏右，而且有向下踩的情況，但是身體還沒有任何的不舒服，這時我是要適時調整成多注意腳掌的上拉，還是『繼續觀察』而不調整？最主要是擔心自己調整過多，又會變成自己在『控制』跑步的情況。」

而我給這位學員的回覆，恰好可幫助大家理解如何把「心智」的能力運用在跑步訓練上：「『少控制』是指不要太頻繁用意識去長期控制局部肌肉用力、局部小動作的調整，例如不收緊小腹、不刻意挺胸、不刻意用小腿蹬地、不用力擺臂、不主動向前跨步等。當我們發現動作有問題時，當然須要調整，但調整的時間不要太長，短一點比

較好。」

　　我希望學員能要做的是：稍微調整一下動作之後，再度放手，讓身體自己去做變化並「重新觀察」變化的過程。

　　我自己教女兒學騎自行車的經驗，也可以說明練跑時調整技術的心理過程。她剛開始要學習騎沒有輔助輪（只有兩輪）時，因為還不會平衡時，所以很害怕，她希望我扶著她騎。但我知道，如果我一直扶著車，不收手，那她永遠學不會。所以我跟女兒說：「爸爸在後面扶你的座墊，我會注意看你，不會讓你跌倒。」其實我沒有一直扶她，在她自己能保持平衡時，我會適時放手，但我不能分心，要一直注意「觀察」她，只要發現她快失去平衡了就立即扶著座墊「控制」，恢復平衡後就再「放手」。所以我的注意力可以用圖3表示。

　　圖3是一個循環。若發現原來的問題仍在，或發現其他問題，就再稍作調控。每次「控制」的時間其實相當短，比方說可能只有一兩秒，接著就放手讓它自動去執行，這跟長時間不斷去控制肌肉或一些

圖3　觀察與控制的循環

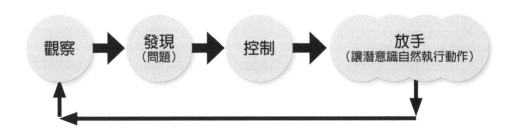

小動作是很不一樣的。

　　以上述提問的學員「發現」自己重心偏右為例，那就把重心微調回來。這是很好的，因為能發現代表知覺敏銳（身體狀況不佳時是發現不到的）。「發現」是第一步，也是最重要的一步，沒有這一步，後面的調控就不會發生。因此用心在「觀察」上，是跑步技術成長的關鍵，若跑者不用心去觀察自身感覺與狀態的話會很難發現這些細微的變化。

　　在你調控的過程中可能調太多了，或是太少，或是調整的方向偏了，你需要「再觀察」是否有感覺變平衡、變輕快，才能確認自己調整的方向與程度對不對。

　　再以這位學員提到的「發現」自己下踩的情況為例來做說明。下踩的可能原因之一是：不自覺的主動向下用力。這時把注意力放在主動拉起腳掌這個局部的細節，的確會有幫助，但是如果一直注意這點，最後很容易矯枉過正，變成上拉過度，或是後大腿緊繃。但如果是已經很習慣往下踩的人，一開始專注上拉的動作的確是有幫助的，但這是暫時性的，最後還是不能長時間關注在局部的上拉動作上。這就是我上面強調不要長時間控制，只做快速微調再觀察變化就好。

　　可能原因之二是：上拉過度。當跑者上拉過度時，就一定會下踩變重。每個速度有它該有的上拉高度，例如六分速，上拉到腳踝就夠了，三分速就一定要拉到接近臀部附近。但如果跑六分速時上拉到膝蓋附近，這一定就是上拉過度，那就會不自覺做出下踩的動作。

　　發現「下踩」的情況，調整的方法並不難，可以先減少腳掌上拉

的高度，或是跑慢一點、放鬆一點，再重新觀察是否腳步有變輕，如果有就放手讓自己繼續跑下去。

「求勝欲」是助力還是阻力？

「求勝欲」是一種強烈的目標，它是由心志產生的。

我創設的專業跑步培訓系統 KFCS 裡，有位銀牌教練（士登教練）曾提出一個很有趣的問題。他私訊問我：「請問求勝的慾望是助力還是阻力？姿勢跑法 Pose Method 的創辦人羅曼諾夫博士明確將求勝欲視為進步的助力，但我所接觸到的哲學大多是講求去除自我的慾望。請問國峰教練的看法？如果沒有求勝的欲望，是不是就不可能發揮出最佳表現？」

我曾跟羅曼諾夫博士討論過「求勝欲」這件事。我的看法跟博士一致，一定要有想進步的「欲望」，才容易一直進步；要有想求勝的欲求，才有更高的機率勝利。所以羅曼諾夫博士講的是一個事實，它是人性中動力的主要來源。

前面我們提過亞里斯多德提出的的內心動力鏈：思想→欲求→行動。進步和勝利都需要積極地採取行動，而欲求要夠強烈才能持續引發行動。然而，許多宗教所強調的「去欲」是可以跟「求進步／求勝的心」同時存在的，因為人並非機器，其中並不是 0 與 1 這種二擇一的關係。

我們以馬拉松比賽為例：一位跑者在訓練與比賽時一定要有明確

的目標，知道要跑完42.195公里，這個目標需要一直擺在心上。假若目標不明確，不只訓練方向會變得模稜兩可，心態上也會比較散漫，覺得比賽前再練就好；但我們都知道，如果對全馬距離的認識不清，訓練前的決心不夠，比賽時就很難堅持到底。

思想（認識全馬是什麼）與欲求（想要完賽或進步的決心）都是完成優質訓練和取得好成績的「前提」。

所以，（心志上的）目標很重要！這個目標就是欲求的一種形式。「你有多想要？」這個問題如果可以用數字呈現，這個數字的高低跟你能完成目標的成功機率密切相關。

當一位選手站上了全馬的起跑線，他很清楚終點在42.195公里之外，對於不清楚這個距離有多遠的人而言，站在全馬起跑點是很不智且很危險的。所以一位選手要清楚認識到目標到底有多遠。開跑後，一位想要得勝（想要進步或是想要突破個人最佳成績）的跑者，內心需要根據這個目標來調整自己的節奏，才能把自己的潛能發揮到極致，若沒有強烈的欲求，最後的成績一定會差一截。

這種極為強烈的欲求背後，正是一種「去欲」與「去執著心」的過程。當一位選手極度專注在單一目標上時，其他的欲望將淡化或退居幕後，其他的欲望與執著心也會自動被捨棄。執著心包括名利心、顯示心、爭鬥心、嫉妒心、擔心……等。

如果某位選手想求勝、想進步，但不夠強烈（意指不夠專一），可能會想到這次拿第一名有多風光、可以獲得多少獎金或是想到之後的贊助會比較好找（名利心）；想到這次破了個人最佳成績PB後可以

在臉書上發一篇炫耀文必定會有很多人按讚，可以吸引很多人的目光（顯示心）；想到這次的PB比另一位對手的成績還快，終於可以把他比下去（爭鬥心、嫉妒心）；想到這次沒跑好，一定會被很多人嘲笑我換了這個新方法訓練根本沒效果（擔心）。以上這麼多「心」跑出來，能量都耗在心裡，那麼後面的體能、力量、技術到輸出成速度的效果一定會變差。

因此，我個人認為所謂的「去欲」和「去執著心」，並不是把「欲」和「執著心」全部去掉到零，一個都不剩，而是去掉只剩「一」。

我曾寫過一篇論文〈論老莊思想中的數字「一」〉2就是在說明道家思想中的「無為」不是指什麼都不做。什麼都不做，代表什麼欲望都沒有了，這是我們對道家最大的誤解。「無為」中的「無」在很多情況下是動詞，是「刪去」的意思；「為」是指多餘的作為。所以「無為」是指「去掉多餘的作為或行動」。例如羅曼諾夫博士創建的姿勢跑法裡的技術訓練法，其目標就是「去掉除多餘動作」，像是跨步、蹬地或腿尾巴……等。

羅曼諾夫博士並沒有要我們刪掉所有的動作，變成什麼都沒有，而是刪掉多餘的動作，只留下三個元素：關鍵跑姿、落下和拉起。如果更深一層去探討就會知道，跑步只有一個「關鍵姿勢」（POSE）。「落下」3和「拉起」4不是姿勢，而是跟「關鍵跑姿」密切相關的動作描述。「姿勢跑法」（POSE Method）指的是一套跑步技術的理論和方法，這個方法論是立基在「姿勢（POSE）」這個概念上的。這套方法

的目標可以用一句話說完：「刪去跑者多餘的姿勢與動作，只保留上述三元素」。所以當我們把跑步技術的外表層層扒開，最後將只剩下「關鍵跑姿」一個元素；至於「落下」的時候要維持在關鍵跑姿，而「拉起」是為了回到關鍵跑姿。所以還是只有「一」。

同理，我們在本書中強調「以身練心」是為了「去欲」與「去執著心」，也並非把欲求和執著心全部去掉，而是要留下關鍵元素——那就是跑者的目標。這個目標要愈單一愈好。目標愈趨於單一、決心愈強烈（動機愈強），達標的機會也愈高。

所以，欲求／欲望是助力，也是阻力。這又是一個老子所謂「正言若反」5的例子。如果欲求夠專一，就是助力（像是水塔只有一個出水口，水力會超強）；但若欲求和執著心太多，由「欲」積累成「慾」，那就變成阻力了（加上「心」部的慾，通常就是指過多的欲求與執著心）。

有志者，事竟成？

我過去曾經非常質疑「有志者事竟成」這句話。有段時間，我練得很賣力，但不管再怎麼認真訓練都沒有成績時，腦海裡會一直迴響著「我比別人卡認真，我比別人卡打拚，為什麼、為什麼比別人卡歹命？」的歌聲。愈來愈自憐自艾的我也逐漸相信「努力不一定會有成績」。每次在泳池裡被學弟妹超越以及每次預賽就被刷下來的感覺，總是令人非常難受，但我問自己「難道沒成績就不練了嗎？」

　　每次內心的答案都是「還是想練啊！」因為自己開始訓練並不是為了進步或成績，純粹只是喜歡和大家一起練的感覺而已。看開了，也認定「有志者事竟成」這種漂亮的說法，只適合某些成功人士與頒獎台上的選手，像我這種沒天份的人就算意志力再堅強、不管多努力也不會有成績，就為了興趣而練就好吧！

　　然而，某次偶然重遇這句成語的英文版：Where is the will, there is a way. 卻讓我能夠從另一個視角重新檢視這句話背後的涵意，與本書「以身練心」的目標是一致的。

　　will 是意志／心志；

　　way 是道路或方法。

　　英文版所呈現出來的意義是：有志者／人生目標明確者，總是可以（返回來運用心智）找到另一條道路（另一個方法）往目的地前進。

　　從這個角度來看，「有志者」不一定可以完成目標（不一定「有志者事竟成」），但始終會「在路上」！只要他的意志堅定、志向仍在，他就可以運用他的「心智」找到新的方法（另一條道路），**繼續前進**，所以才說「哪裡有意志，哪裡就有道路」。

- 心志（Will）：堅定志向
- 心智（Mind）：尋找方法

　　這句英文諺語所展現的是 Mind 與 Will 攜手合作，互相貢獻所長，往目標邁進的一句智慧之語。

　　仔細想想，為什麼我們會說「有志者，事竟成」而不是說「有『智』者，事竟成」？是因為古人在此強調「有志」的重要性。如果

「喪志」的話，不論再聰明、智商再高的人也無法完成任何遠大的夢想。有著堅定目標的人，不一定可以成功，但卻可以找到新的道路／方法，繼續朝著目標邁進。

這句成語的英文版反而不強調「意志」與「成績、成功與成就」之間的關係。Will 展現繼續前進的內在動力（心的能量）；Way 這個字透露尋找新道路（新方法）的積極心態，兩者都無涉他人，靠自己就可以，而成就高低或成功與否則要靠機運以及外在社會環境的定義。無論面對任何失敗與阻礙，只要意志堅定，勢必能找到新的出路。就像 AppWorks 創辦人林之晨在激勵創業團隊時所說的話：「創業沒有失敗，只有放棄。」

同理，學習沒有失敗，只有放棄。練跑沒有失敗，只有放棄。其他很多事亦然，我們可以自行填空：「　　　」沒有失敗，只有放棄。只要不放棄，Will always Finds the Way.

跑者必須時常向自己確認，現在是「志在道路」還是「志在成績」？選定前者，我們將跳脫成敗二選一的困境，源源不絕的能量將如同永不枯竭的泉水從內在湧現。這種行動的決心沒有任何阻礙可以抵擋，如同江河流向大海時不管碰到大石、絕壁等任何阻礙，都能設法採取各種行動，繼續向前奔流。

心的方向，將決定心力的出口流向，並形成正向循環，有助誘發出源源不絕的行動能量。

每個人都有夢想，雖然並非每個夢想皆可達成，但執行夢想卻是任何有志者都可以即刻開始的事。立志之後，堅持不斷地找方法與採

取行動，比當下的成績與成就更重要。當心裡放不下已經取得的功勞與成就時，那也會停止探求進步的道路和方法，於是變得寸步難行，或甚至倒退。但是，當我們把心志聚焦在道路而非終點時，勢必能不斷地展開行動，原本遙不可及的目標，也將逐步靠近。

　　談到這邊，我們應更清楚了解到「心智」與「心志」之間的關係了。立定志向，才能持續前進，但為了尋找其他道路／方法，需要「心智」的參與。

「沛然莫之能禦」的決心

　　我想分享我對「決心」這一概念的看法。

　　首先說明一下「決」這個字在古代是疏通水道的意思，決「江河」是指江河之水被疏引至特定的水道而奔流的狀態；而決「心」一詞正是指：在蘊藏著豐沛能量的內心當中，挖掘一道破口，使內在能量（心力）疏引至特定的流道上。在掘開破口之前，要先設定好目標，時時上心，心懷目標；向著目標邁進的路上則必須保持謙卑（水道一定要夠低，才能引水而流）。當你愈靠近目標，能力一定是愈來愈強，很容易變得驕傲自大，此時就好像河道淤積了，不只河水無法再向前流，甚至會漫過河道而氾濫成災。這時表現出

來的狀態就是散漫、失去專注力。如果沒有把自己挖乾淨、從「心」凝視目標並回到初始還很弱的謙卑狀態，很可能就會開始喪志。

《孟子・盡心篇》中有一句話是「若決江河，沛然莫之能禦」。這是一個十分鮮明的意象：強烈的決心如同決堤河水所展現出來的力量；「沛然」是狀詞，意指「水疾行貌」，水流快速奔流、勢不可擋的意思。

《荀子・宥坐篇》中描寫大水「若有決行之，其應佚若聲響」的意象畫面，呈現出大水只要一經疏通，就會如同聲響之應聲般馬上流注而下。此種客觀意義被作為賞譽一個人決策或判斷事情果斷迅速的正面形象，也就是我們今天說的「決斷如流」。是以孟子使用「若決江河，沛然莫之能禦」這樣的句子，以「水之行」的沛然意象來形容「舜之行」果決不疑的行動力。

這種行動力是很難停下來的，任何障礙在大水面前都無法阻止它。

只有人類有「心智」，所以也只有人這種動物才能下定「決心」。

從上面的說明，我們可以分析出「決心」且能產出持續行動力的三項要素：

1. 原本就有豐沛的內在能量／心力充沛（心力交瘁的人是無法下定決心的），
2. 立定方向，挖出一條通往目標的河道／時時心向目標並保持謙卑（才能確保後續行動力），然後最後一步，
3. 挖掘一道破口（心裡「下定決心」的當下）。

關於「志向」：河水的隱喻

2009 年我從東華大學中文所畢業，我的碩士論文所探討的主題是孔子、孟子和荀子思想中跟河水有關的意象，整篇論文從《論語》中一段河水的隱喻來展開：子在川上曰：逝者如斯夫，不舍晝夜。（《論語·子罕篇》）

孔子說的這句話，歷代注解家有兩種解法。其一：是把「逝」字注解成「往去」，有學者解釋為「去而不返」，也就是近似現代「消逝」或「流逝」的意思。整句譯成白話是「人生就像河水這般日夜不停地不斷流逝而去啊！」這帶著一種對時間不斷向前流逝的「感嘆」，可以想像孔子站在岸邊感嘆過往時光的心情。

其二：是把「逝」字注解成「往進」，也就是近似現代「精進」的意思，整句譯成白話是「人生應像河水這般日夜不停地不斷向前精進啊！」這是一種對河水的「讚嘆」，可以想像孔子站在岸邊看到大

河時，有感而發，認同自己過往的努力，也期許將來繼續像河水看齊的心情。

當時的論文，就是在考證過往的注解家以及整部《論語》的語境，從「逝」字與「夫」字來辯證孔子在河岸邊的心情，到底是在感嘆時光流逝？感嘆年華老去？還是在感嘆他的仁政理想無法實現？抑或是在讚嘆河水日夜不停向前奔流的精神？

經過一番考證，結論是後者，原因在此就不細談，有興趣可參考拙著：《先秦儒家水意象析論》（花木蘭出版社）。但簡單來說，是因為整部《論語》所顯現出來的大都是一種進取的精神，例如「雖覆一簣，進，吾往也」、「不厭不倦」、「知其不可而為之」，所以我認為，「逝者如斯夫，不舍晝夜」是透過對河水的讚嘆，來勉勵人不管碰到任何阻礙都繼續向前，碰到坑洞就填滿它，碰到山壁就衝撞它，碰到大石就繞過它，既剛強又圓滑。

河流的意象會一直在我的困境中浮現，流水不管碰到什麼坑洞和障礙都會想辦法「淹」過去、「流」過去或「繞」過去，它不跟坑洞和障礙強碰，也沒有具體的目的地。雖然看起來目的地是大海，但大海其實不是目的地，只是回歸一切的終點（以人生來說的話是「反本歸真」）。有種河流直線順遂一路到底，沒什麼轉折；有些河流左繞右彎，經過各種崎嶇地形，河道變化多端。要是我選的話，我希望我的人生像第二種河流。我不喜歡太多可預測性、一路到底的人生，畢竟終點都一樣。我還是希望多「繞」一些路，多看一些，多學一些，繞遠路也沒關係。重點是，我希望我的人生：要河水一樣，有本有源，

源泉不絕，一直流動，萬折也必東，立定志向後，雖會左彎右拐，但必然會回到初衷──那最開始所立定的志向上。有時也會像大水流經平原時一樣，慢慢地流，休息一下，但能像孔子所說的「逝者如斯夫，不舍晝夜」一樣，不斷向前精進。

到了荀子時代，又進一步以「東流之水」為喻，闡述此種精進不已的各項細節，每次讀來，都深得我心。

孔子曰：「夫水，遍與諸生而無為也，似德。其流也埤下，裾拘必循其理，似義。其洸洸乎不淈盡，似道。若有決行之，其應佚若聲響，其赴百仞之谷不懼，似勇。主量必平，似法。盈不求概，似正。淖約微達，似察。以出以入以就鮮絜，似善化。其萬折也必東，似志。是故見大水必觀焉。」（《荀子‧宥坐篇》）

荀子的這一番話，我們可以逐句拆解它所隱含的生命意象：

- 夫水，遍與諸生而無為也：河水養活了所有的生命，卻不求任何的回報。
- 其流也埤下，裾拘必循其理：河水只向下流（不求成為上流），而且流動時儘管迂迴曲折，卻必定遵循一定的水道而流，一種有守有為（亦有所不為）的展現。
- 若有決行之，其應佚若聲響，其赴百仞之谷不懼：河水有著極強的決心與勇氣，面對極深的懸崖時亦勇往直前，沒有退路。如同從令如流的軍隊，一聲令下就算槍林彈雨也毫不畏懼。
- 其洸洸乎不淈盡：河水流至平原處，平靜安穩的同時又顯出浩

浩蕩蕩的壯闊氣勢，似乎沒有盡頭。

- 以出以入以就鮮絜：任何髒污的身體或物品，只要在河水中清洗過，就可以變乾淨。若是一潭死水（封閉的、沒有本源沒有流動的水）會在不斷清洗污漬後被同化、被污染，所以唯有流動的河水才具有永久的清洗能力。

- 其萬折也必東：河水不論碰到任何阻礙（波折）而左彎右拐，最後必然向東流往大海。就像在立志前行的道路上，必然會碰到挫折，但志向不變，東繞西折之後必然會回到初衷——那最開始所立定的志向上。

- 淖約微達：河水非常的柔弱，但只要某一物品浸泡得夠久，就能進入到該物品的微小縫隙中。就像一位長期涵泳與浸潤在某一領域中的人，自然可以進入到該領域的各項專業細節，久而久之，必通達自得。

- 主量必平：河水流經坑窪處，必定把它填平，然後才會再往前流。

- 盈不求概：河水不用刮平斗斛的器具就能「自平」，就像一位有德有守之人，不用外在的法律約束，就能行正事、守正念。

從《論語》到《荀子》，用河水來表述人生的意象一脈相承，都在「逝者如斯夫，不舍晝夜」這一句話裡，有源泉的活水才能浩浩蕩蕩持續向前填坑、繞山、奔流。

目標是為了定位

曾有位訓練營的學員反饋說：「因醫護工作需要輪值三班，又遇到疫情，使作息和訓練節奏大亂，身體狀況大不如前，運動表現更是直線往下；從訓練營開始到現在，雖然沒能100%照著計畫練，但有個目標在，對於自己的身心狀況敏銳度提升很多。規律練習讓我能『從不平衡中找到平衡』，這比成績進步更加可貴。」

如果失去目標，很容易會失去動力。目標確立（立志）後，心志才有方向感（志向）。

但我認為設定目標並不只是為了達成目標，最主要是為了「定位」，也就是確定前進的方向。就好比我們在自助旅行時使用手機上的地圖軟體找路，第一步是要確定想要去的景點，接著規劃路線，手機還要你同意它開啟GPS定位當前的位置，它才能告訴你現在該往哪個方向前進。

有了定位，比較容易在不平衡的生活中找到平衡。

旅行時沒有了目的地（人生沒有目標），就算手機擁有超詳細地圖與超強的GPS定位系統，它也無法發揮「規劃路徑」的功能了。沒有方向之後，內在動力也將隨之下滑。

在旅行時，設定目的地並非為了達成目標，而是為了讓旅程變得更有趣。所以，設定目標並不是為了抵達目的地，而是為了讓你更享受這段旅程。

為了達標而努力，很容易被目標所限制，以為達標才算成功，才

有快樂，若沒達標就算失敗。如果把「達成目標」的這個目標拿掉，很多時候也等同於把快樂的限制拿掉了，此時的訓練將產出更多意想不到的樂趣。若能把目標當作確定方向的手段，會更容易在跑步中長期成長。

這位學員在疫情時因為很少練跑所以成績退步，當她參加了以「台北馬」為目標的馬拉松訓練營並開始規律訓練，得到一個跑力比較高的身體或比訓練前更好的成績。要是賽後又回到沒有規律訓練的習慣，要不了多久，跑力又會掉回規律訓練前。純粹以「達成目標」為導向的人很容易陷入這種循環：我們看著自己的身體狀況和跑力再度往下掉，接著又重新期待自己有個契機去啟動再戰一回的動力。但這只是治標不治本。

基於這種思維，不論是何種程度的跑者，只要找我擔任教練，我一定會先請他們設定目標，但目標只是為了協助他們確立方向，真正的目的是在優化學員的身心系統，讓我們從這種循環中抽離出來。

有目標又要從中抽離看似不容易，但投入其中後就會發現不難，只要能在設定目標之後把注意力放在「平衡」與「優化系統」的任務上（而非目標的達成率），就能逐步愈做愈好。

那我們要用何種心態執行「目標」呢？我心中想到的畫面是鐵人三項的第一項游泳：鐵人三項的游泳項目通常須要折返，下水後你會看不到終點，甚至看不到折返點，你只能看著最近的浮標向前游，為了不游歪，你要抬頭「定位」。在開放水域中，我們常不知道自己身處何處（無法定位自己），當我們抬頭看到浮標時就能確立前進的方

向，所以也等同是在「定位」自己的相對位置。

　　鐵人三項選手在跳下水後，絕不能悶著頭游，一定要時常抬頭確認浮標的方向，但也不會一直盯著它，那太耗費體力了，而且確認方向時也不是把整個頭都抬起來，那會增加阻力，也會降低游泳的動力。定位時只需要把眼睛露出水面，稍微瞥一眼。而確認自己目標時，道理也是一樣的：只要偶而瞥一眼，足以確認方向就好，沒必要一直盯著目標，也不用把頭抬那麼高，那不只太耗體力，也會引發更多焦慮與壓力。

　　每一位鐵人選手都知道，盡早抵達終點的關鍵在於自己的體力與游泳技術，至於定位，只是為了確定方向。大部分的注意力應放在體力分配、每一下的划手、換氣與打水的節奏上（這些也是一種平衡），使自己的技術系統能夠在變動的開放式水域中徹底發揮。

　　在開放式水域中始終抬頭一直盯著目標游，雖然比較不會游歪，但太耗體力，導致自己太緊繃、太用力。面對人生中的目標也是，其實不用一直注視目標，三不五時瞥一下，確認方向就好。

【第 3 章】
跑者的兩種意識

　　大家都聽過人格分裂的故事，這是真實存在的心理問題。不同人格之間擁有不同的習慣和筆跡、有不同說話腔調、會說另一種語言，甚至是另一個性別。這些跟主人翁完全不同的人格，像是在同一臺電腦裡開啟另一套作業系統，這個系統裡有著完全獨立的資料庫和軟體。就像不同的靈魂共用同一個身體。

　　我們每個人的身體裡，其實也有兩種人格。這兩種人格的版本、大小、觀察世界的方式、溝通方式、認知方式、成熟度、時間概念、記憶空間、控制項目和運作方式不一樣；但是，因為作業系統相同、資料庫也高度重疊，所以我們的人格沒有分裂。

　　這兩種沒有分裂的人格，在心理學中被稱為「顯意識」與「潛意識」。

看得見的，只是冰山一角

　　顯意識位在大腦「皮質層」的表層，是很薄的一層，底下很大一部分皆屬於潛意識的範圍，所以有人用冰山形容這兩種意識，「浮在

海平面上的顯意識只是冰山一角」；海面下的冰山體積還很大，屬於潛意識。

　　所以光從這兩種意識所在的腦部體積而論，顯意識所佔的部分很小，相對來說潛意識則非常龐大。當然，「潛意識」的工作也很繁重，你在睡覺的時候，它也一直在工作，包括心率、呼吸與維持生命所需的各項任務都一件一件有條不紊地在執行者，三不五時還要負責作夢。

　　「顯意識」是我們的自我意識與理性的來源，它使我們知道自己是誰，我們透過「顯意識」與外在接觸，向外界學習新事物。反之，「潛意識」則藏在裡面，不直接與外在接觸，但它天生內建眾多求生的程式，都可以自動執行，例如小嬰兒剛出生就有的「吸吮反應」與「抓握反應」（手碰到物體時就會出現的抓握反射），碰到危險時的「戰逃反應」，或是像我們常聽到的自律神經系統所控制的心跳、呼吸、血壓、消化和新陳代謝等。它像是一個龐大的程式集合，是多功同步的，可自動控制許多工作，能力非常強大。

　　你身體（包括大腦）從細胞開始的各個層級的組織，都會受到顯意識和潛意識的交互作用，身體裡的每一個部位都有其獨自的目標和需求。你可以想像身體裡住著許多生命，而你就是這些生命的集合，它們試圖透過你這個共同生存的生命體來完成各自的目標，這些目標通常不會一致，所以顯意識和潛意識之間的衝突是無法避免的。

　　為了成為一位更優越的跑者，我們需要訓練，但訓練除了是在強化體力與優化跑姿與技術之外，從「心」的角度來說，必須讓這兩種

意識停止爭戰，而為了停戰，你得先去理解這兩種意識的本質是什麼、功能何在，以及他們分別是如何運作的。

需要自我控制 vs. 自動機制和非自主行為

　　首先我們要知道「顯意識」能力小很多，而且一次只能處理一件事。它最特別的功能是「思考」與「邏輯分析」能力，像是建造一棟房子，我們會先測量土地，然後依據土地大小來畫設計圖，接著依圖施工，施工團隊也會依過去的經驗依循一定的程序來建造出一棟穩固安全的房子。這一系列的行為主要是經由顯意識執行的，執行上述一系列的動作之前還需要經過一段時間的學習，這種學習的過程也一定要經過「顯意識」來完成。

　　人類也有許多由「潛意識」控制的自動機制和非自主行為，像是作夢、心跳和呼吸（呼吸很特別，它可以由潛意識控制，也可以由顯意識控制，下面會進一步說明）。

呼吸：潛意識或顯意識控制

　　呼吸是一種很特別的行為，我們可以控制呼吸，你也可以不管它，讓它自動完成。呼吸是少數可以由潛意識控制，

也可以完全由我們的顯意識接手控制的動作；像心率和血壓都是無法單純透過顯意識控制的。我個人認為，這也是東方文化強調呼吸、觀息、調息的理由，因為「呼吸可以連結身心」；或者說，呼吸的節奏與沉穩程度與心的狀態密切相關。當呼吸紊亂的時候心靈也會不安定，而呼吸安穩時心就會比較平靜。

古人言「眼觀鼻、鼻觀心」。這句話中「觀」這個字很有意思，我的理解是把自己抽離出來，站在第三者的角度觀察自己。「眼觀鼻」是指觀察空氣進出身體的狀況；「鼻觀心」是指用氣息進出的狀況來觀察自己的「心」對該強度的反應，可以理解成心率、情緒或感受。專注在鼻孔的空氣進出上，有助於更專心的觀察自己，以及在跑步時連結自己的身心。

中華練功文化中很強調「氣」。「氣」在中國思想、練功文化與各種作品中都有多層涵義，但今天特別有啟發的是「氣是我們隨時與外界溝通的媒介」，對於內外刺激是否超過知覺臨界點，身體會透過氣息的快慢告訴我們；「氣」是很抽象的概念，但也許我們可以落實下來：在長跑時透過呼吸的快慢來判斷今天的身體是否接受這個強度，可間接藉此來微調姿勢。

有句成語是「心平氣和」，心平則氣和，氣和也才心平。呼吸順暢與否，跟心的平和程度密切相關。

　　人類最特別之處，是可以透過表層的「顯意識」學習到某項技能後，再把它交給潛意識讓它自動控制。例如開車，它是一項需要各種感官協同配合，外加學習各種交通規則，最後所得到的技能。還記得第一次跟著駕訓班的教練開車上路的情況嗎？你的每個動作（像是換檔、踩剎車、踩油門、打方向燈、轉方向盤）都要經過顯意識去控制，還要同時注意路況、紅綠燈、行人、其他車輛的狀況、號誌牌和各種你在駕訓班上學到的交通規則。因為顯意識一次只能做一件事，一個指令一個動作，所以你會覺得很忙。開車開久了，開車的動作已經變成下意識動作（潛意識在控制），路況熟的話連要開哪條路、哪邊要轉彎都像是AI在執行一樣，換檔、踩剎車、踩油門、打方向燈、轉方向盤和前車保持適當距離，就跟呼吸與眨眼一樣自然，開起車來不再手忙腳亂了，所以可以一邊開車一邊做白日夢，或是一邊開車一邊跟身旁的乘客聊天。

　　人的外顯行為，看起來好像是人為「自主意識」控制的，但這也像冰山的隱喻一樣，我們行為的背後其實與潛意識有著複雜的糾纏牽連，很多行為變成自動運行，好處是節省能量，無須你多想，它會自動執行。我們可以再以學騎自行車為例，剛開始練習時，還不太會平

衡，在車上的你會戒慎恐懼，好像隨時都會跌倒，但學會了之後你的身體就會在前進、過彎、加速、甚至站起來抽車時自動保持平衡，而且只要學會了就幾乎終身都忘不了。

其實跑步也是如此，大多數身體健康的人都可以自然地向前跑。事實上，我們在小時候也像學開車和學騎車一樣，在一歲左右我們都摸索了好一段時間才知道該怎麼保持單腳站立（用單腳短暫支撐自己的體重）、該怎麼克服跌倒的恐懼、以及該怎麼在騰空後落地並重新保持平衡。

現在，跑步的動作已經變成「潛意識」裡的一支自動化處理的程式了，你的「顯意識」只要下達跑步的命令，跑步的動作就會自動執行。這種自動執行的機制真的非常好，可以節省許多能量，但也有壞處！

以蜜蜂築巢為例。它們雖然沒有顯意識，不用去學習建築的各種相關技能，也無須人類的理性，一切順其自然，精巧的蜂窩在一陣嗡嗡嗡聲中就被修建出來了。蜜蜂看起來很棒，不用學習就會蓋房子，但缺點也很明顯，那就是：無法進步。蜜蜂一輩子，甚至好幾代，都只會蓋同一種房子。

人類雖然需要透過「學習」才能學會蓋房子，但卻可以不斷進步、優化建築的技巧，甚至不斷創造新型的建築。這正是「顯意識」所具有的「理性」所帶來的差異。

跑步（技術）動作需要學習嗎？

　　我們再舉一個例子：一位開了 20 年計程車的司機，一週 5 天，每天都開 8 小時的車，開車對他而言已接近自動化，可以邊開車邊跟乘客聊天，就算在車流量大的尖鋒時段開起車來也非常放鬆。但他的開車技術跟一位需要上場比賽的賽車手比較，就會差得非常多。

　　賽車手為了提高自己在賽場上的競爭力，一定會特別學習與練習開車技巧，換句話說是把本來已經內建在潛意識的開車技巧，重新拆解成換檔、踩剎車、踩油門、打方向燈、轉方向盤……等各項細步，再逐項練習與優化，使動作變得更精簡、速度更快或是達到更高難度的控車技巧。

　　若我們想要進一步提升已經習得的技術，需要把已內建在潛意識裡的「跑步動作自動程式」，重新「返回」到表層的顯意識，進行重新的拆解、學習、訓練，才會再進步。不然，它就只是日復一日的自動執行，進步的空間會很小很小。

　　假如沒有這種重新拆解的步驟，而只是日復一日不斷的重複，那麼是否有可能透過量變，而產生質變呢？有的！但空間很小，遠小於刻意重新拆解、重新學習、重新訓練後的進步幅度。透過大跑量的訓練，的確有可能提升動作效率，因為身體會從大量的訓練中適應出生存之道，自行演化出比較有效率的動作。這種練法的確有效，一群跑者中的確會有少數某些人從大量的里程數中學到更有效率的跑步動作。但這好比把一籃雞蛋往牆上丟，蛋殼沒破的會倖存下來。絕大部

分的跑者在大量的訓練中會撐不下來，還沒等到動作質變，就出現受傷或厭跑而無法再練下去。

我們異於其他動物最大的一項特徵，並不是我們有腦神經——幾乎所有需要移動的動物都有神經元，需要神經元來控制移動的組織。大部分的動物都有一些反射動作、一些自動化的程式，有許多動物一輩子就被鎖在那樣的「自動化」的行為模式裡，無法改變、無法進步。但人類最特別之處是我們有自主意識、有理性，可以改變，可以透過學習來進步。

跑者和教練之間有個問題歷來討論很久，題目是：「跑步動作需要學習嗎？」

認為不需要的主要論點很簡單，每個身體健康的人都會跑步，已經會的東西沒必要再學習；再者，還有一種論調認為跑步能力是天生的，無法靠後天修正。

然而，從前面的論述我們了解到，已經會的技巧仍可以透過學習持續進步，這也是人類的特別之處，我們可以學習，而技巧的學習正是兩種意識互相合作的過程。

每個人都會跑步，看似天生就會，其實其中有很多元素是學習來的。一般來說，小朋友在一到兩歲之間學會跑步。有些人認為那不是「學會」，跑步動作的程式早已寫在我們的「潛意識」裡，不用刻意學習。但我想表述的是，不論跑步的是先天就會或後天習得，若不刻意加以訓練或學習，就會一直維持原樣，很難再進步。

所以我們需要把已經內建在「潛意識」裡的跑步動作程式重新

「返回」到「顯意識」表層做優化。想要進步就要刻意練習。但要刻意練習，需要先學更優秀的技術是什麼。有目標、有方向，才能刻意練習。不論是「學」還是「練」，都要透過「顯意識」，而且剛開始改動作時一定會卡卡的，感覺效率變差，那是一定的，因為原本是自動執行的動作變成要有意識地去調整動作。這看起來的確比較麻煩，也比較耗費心力，但我們想要進步就是需要重新把控制權「返回」到「顯意識」才有機會優化程式，優化後再把改版後的程式丟回潛意識讓它自動執行（比較省心省力），這是「跑步技術動作需要學習」的另一層論證。

從心理的隱喻來理解「顯意識」與「潛意識」之間的關係

　　為了瞭解兩種意識互相合作的過程，我們要先認識「顯意識」與「潛意識」之間的關係。下面先摘錄哈利・卡本特（Harry W. Carpenter）所著《精進潛意識》一書內容製成表格（表1），來比較這兩種意識的差別。

　　在表1中，我們用分析的方式來比較顯意識與潛意識的差異。然而，人類在面對不熟悉且無法觀測到的事物時，很常借用「比喻」來理解。尤其是在面對複雜且難以理解的事物，若能借助已知的事物，使其連結於複雜、難理解事物，則可以建立更清楚的認識。譬如，我們很難用空泛的角度思考人生，但如果用「人生有如一段旅程」這樣的比喻，我們就能得出一些結論：走這段旅程之前我們應該先了解地

表1 「顯意識」與「潛意識」的比較表

項目	顯意識	潛意識
年齡	新	老
大小	小	大
溝通方式	語言	影象／感受
認知過程	理性／邏輯	感性／非邏輯
成熟度	成熟：成年人心性	幼稚：嬰幼兒心性
時間概念	過去、現在、未來	現在
意志力	社會意志：執行力／自制力／夢想力	本能意志：求生意志／天生內建的程式
記憶空間	有限	接近無限
控制項目	自主行為	像作夢、血壓、心跳等非自主功能與習慣的技能與行為(你的精靈)
同時間內可完成的任務數	一項	數百項

（原始資料出自《精進潛意識》，哈利・卡本特 Harry W. Carpenter 著；申文怡譯：台北市：大寫出版社，2018年7月出版，頁63，但部分欄位已進行修訂）

形，選好方向，找幾位好旅伴，如此才能好好享受這段旅程。同樣，我們也很難思考何謂「心理」，但一旦找到適當的比喻，頓時就會豁然開朗。

【比喻一】大象與騎象人

　　大象是一種非常強壯、聰慧、敏感、情感豐富的動物。成年大象的智商，相當於四、五歲的人類孩童，喜歡玩遊戲，有顯著的娛樂行為，比如喜歡在水中嬉戲。

　　大象具有長期的記憶力，能記住自己和同伴的面孔、聲音和氣味，甚至準確找到多年前曾去過的水源和儲藏食物地點。大象的表現也很像小朋友，比如說當大象生病了需要吃藥，如果藥是苦的，它就不吃，你得像騙小孩一樣，用別的方法騙它吃下去，例如在食物中藏藥片。但只要吃到藥片的味道，上過一次當之後，就不會再上當了。比如說你之前把藥片藏在香蕉裡，第二次你拿來香蕉來，大象就會把香蕉全部翻遍，檢查是不是有藥片藏在裡面。

　　最像人類的是，大象有豐沛的情感，會安慰家庭成員，例如野生的大象群中若有同伴去世，它們會互相安慰，甚至會給同伴舉行葬禮。大象群裡幾乎每隻大象都會進行情感交流。

　　良善是人的本性之一。這點也可以在大象的行為中看到，大象會對其他動物表示友好，也會在需要的時候幫助其他動物（或人類）。

　　從上所述，我們會知道，大象這種動物非常聰明，具有長久的記憶力，有著豐富的情感和社會關係，也有各自的意志和喜好，不會輕

易服從別人的命令。

潛意識是指人的意識活動中，不易被察覺的部分。強納森・海德（Jonathan Haidt）在他的著作《象與騎象人》（The Happiness Hypothesis）中提出了一個有趣的比喻：他把人的意識分成了「騎象人」和「大象」兩部分。騎象人是專門訓練大象的人，懂得如何利用語言、肢體和工具來引導大象的行動。騎象人具有理性、有方向感、知道目標。但相對於大象，騎象人的力量小很多。

潛意識好比大象，力量很大，但很少有人可以跟它好好溝通，完全發揮它的力量。這就好比我們騎在一頭大象上，卻不知道如何與它溝通和合作。我們可以從騎象人馴服大象的智慧來了解，理性的自己是如何跟潛意識合作，以發揮自己更大的力量。

翻開歷史，人類一直和動物生活在一起，也一直想操控動物，於是，古人便拿動物來做種種比喻。例如，佛陀將人的心理比喻為象師與發情的大象：往昔此妄心，遊蕩隨所欲，隨所愛好求。我以智調伏，如象師持鉤，制御泌液象（制伏發情象）。（出自《南傳法句經》〈第廿三：象品〉）

這段話用白話來解釋，意思就是：過去，我那暗昧無知的心，沒有目標、到處遊蕩、隨心所欲，只要我喜歡，沒什麼不可以。如今，我以理智馴服了我那無知且為所欲為的心，就好像騎象人手持馴象的鐵勾來制伏發情的、狂野的大象一樣。（騎象人經常會用這種帶有鐵鉤的工具讓大象聽話。）

成年大象的力量比騎象人大很多，但在大部分的情況下，大象懂

怕鐵勾，所以會聽話。但如果它發起狂來不想聽話，儘管騎象人有鐵勾，也是拿它一點辦法也沒有的。騎象人對大象來說不是國王或是老闆，因為你下指令，它不一定會聽；騎象人比較像是顧問，只能給建議，最後要不要真的去執行，其實是大象自己決定的。

　　出門跑步、開始練跑、報名馬拉松……是誰的決定？是大象，還是騎象人？直觀會覺得是騎象人決定踏上起跑線，但前面說過騎象人只能當顧問，他能「建議」踏上起跑線，要不要聽從是大象的決定（當然，騎象人也能以暴君的姿態動用鐵勾逼大象練習並忍痛完成比賽，但這種方式久了會有反效果，後面會詳細論述）。所以大多時候，其實大象已做好決定，騎象人只是提建議，而這個建議剛好符合大象的目標。是大象決定要開始跑步，騎象人只是事後去解釋說明為何做出這個決定而已。

　　比如說有人問你喜歡跑步嗎？你若真從跑步中獲得成就與樂趣，你會說喜歡。「喜歡」這種情緒是大象的反應。如果有人要我們解釋為什麼喜歡跑步，我們當然會有自己的一番說辭，但心理學家認為我們並不完全了解自己為什麼喜歡、為什麼覺得跑步很棒，但我們的詮釋模組（也就是騎象人）會自己編理由。你想為自己喜歡跑步找一個冠冕堂皇的理由來說服自己，所以你就會抓住第一個說得過去的原因（可能是為了健康、為了減重、為了成績、為了名次、為了成就感）。這是我們為了跟大象（也就是潛意識）合作所給出的理由，因為我們想要取悅大象。

　　有時，當大象已經做出行動後，騎象人會像精靈一樣搖身一變，

變身成法庭上雄辯的律師或檢察官，為自己的當事人（大象）辯護，證明它做得很棒、做得對。此時會為它編出許多冠冕堂皇的理由，想說服自己和他人。這也是為什麼有時候我們從別人口中，聽到他的騎象人所說的話，可能在其他理性的人來看，會錯得離譜，但我們要理解，那是他內心裡（大象與騎象人）能好好合平共處的方式，此時就算我們知道他／她是錯的，也最好不要立即告知真相。因為，有時候真相會傷人，當你傷到別人心中的大象時，那可是很可怕的，你可能會遭殃，而且也無助於大象的改變。

在一次KFCS跑步教練的課堂後，其中一位教練（老王教練）在訓練日誌提到：「對上一代，我們有時覺得長輩頑靈不化；對下一代，有些人會覺得自己的孩子太過叛逆無法溝通。我想這些問題都是都沒有去顧慮到背後大象的意志。」

老王教練的分享很好。我們要懂得為他人心中那頭大象著想，不要因為自己急躁、想講真相，而使大象傷心、難過或生氣。當我們面對一些訓練有素的跑者或經驗老道的教練時，若採用過於單刀直入的方式，直言我們看到的問題真相，就有可能會傷到他們心中的大象。我過去就這麼做過，所以引起了眾多騎象人唇槍舌戰，後來我才理解，他們只是想為心中那頭震驚、生氣、恐懼或傷心、難過、羞愧的大象，討個公道。

用另一種方式來說，當一位教練在過去20年裡，都是告訴學員「要用轉髖或抬腿來加大步幅」，或是某位跑者為了加大步幅，練了好幾年的轉髖或抬腿，突然有一天，有人用力學分析給他聽，讓他知

道那些都是偏差動作。對方縱使說得很有道理，但那些道理他從來沒想過，當你跟他講時，他們的「顯意識」上雖可理解，但卻跟「潛意識」（也就是心中那頭大象）的觀點產生了強大的衝突，引發各種情緒反應。雖然有一瞬間「顯意識」覺得有道理，但那頭大象此時很難過（無法接受自己錯了那麼久）、很羞愧與自責（因過去教錯學生了），這種愧疚、自責與煩悶所糾結而成的不舒服狀態，容易進一步引發生氣的情緒（見笑轉生氣，惱羞成怒的意思）。

　　由於「顯意識」不是獨立存在的，騎象人立即要轉而為他心愛的大象討回公道，為它辯護，這樣這位教練或這位跑者的內在兩種意識才能繼續合平共處下去——他們這樣是為了生存。所以我們在講真相時要有智慧，不要一步到位，要顧及到他人的內心（潛意識中敏感且非理性的那一塊）。

　　藉由上述騎象人與大家的比喻，我們會知道：當同一個動作、同一種思維、同一套邏輯運行太久之後，就會在潛意識裡自動運轉，連想都不用想就會自動執行，這樣看起來好像很棒。但缺點是會像身軀龐大的大象一樣笨重，很難轉身。大象力大無窮，但也因為力量太強了，當同一套邏輯運行太久後，這套邏輯的力量會變得不可挑戰（如同我們現在說的意識型態），當有人挑戰它時，它就會非常情緒化（不理性），此時騎象人的理性是無法指揮大象的，他所能做的只是順從大象，像辯護律師一樣幫它說話，進而安撫它。理性的功能變成努力思索安撫的話語，而非思辯事實的真象。

　　笨重的大象看似冥頑不化、很固執、很難改變，卻也有另一層好

處。這類潛意識「任勞任怨」，一輩子都在辛苦付出，這是很寶貴的價值，有許多選手和教練都具有這種珍貴特質。我們也要懂得去欣賞這種特質。

【比喻二】嬰孩與成年人

　　從上述「大象」與「騎象人」的比喻中，我們有提到大象的敏感和情緒化，其實人類的孩童也有類似的行為表現。

　　潛意識好比幼稚與不理性的嬰兒或稚氣未脫的孩童，情緒轉變很快，前一分鐘還在嚎啕大哭，下一分鐘就可以笑嘻嘻地跟你玩，完全忘記前一分鐘的悲傷難過。潛意識跟孩童一樣，也很容易受到外界的刺激和誘惑，它會追求即時的快樂和滿足，而不會考慮後果和責任；好奇心旺盛，喜歡探索和冒險，但也容易衝動和頑固，不願聽從規則和建議。在潛意識的世界裡，是沒有規則可言的。

　　但顯意識就不同了，它會懷念過去、籌劃未來，會反省，也有夢想。它很像成年人，具有邏輯和判斷力，能夠分析問題和解決困難。顯意識也能夠控制自己的情緒和行為，能夠抵抗誘惑和壓力，能夠承擔責任和義務。顯意識是我們的意志和自我意識的所在，它代表著我們的理想和價值觀。

　　顯意識的缺點跟大部分成人一樣，大多時候會過於理性和冷靜，而忽略了自己的感受和直覺。

　　小孩很會做夢，只是執行力跟成人相比差很多，也缺乏理想和責任感。做夢是小孩的特殊能力，他們可以天馬行空，創造力十足，但

有時會無法分辨事實和想像，這跟潛意識特性非常像。「潛意識」就像小孩，它雖然很情緒化，但卻有無限的潛能。

　　我們的「顯意識」也可以在「潛意識」還小時用權威（意志）逼它就範，就像我們對兩三歲的小朋友一樣，剛開始會很有效。老爸嚇他「你再不聽話，晚上虎姑婆會吃你的小指頭」（恐嚇方式），或是威脅他「你再不聽話，我就把你最愛的玩具全部丟掉」（威脅方式），亦或利誘他「你乖乖聽老爸的話，我就買你最喜歡的冰淇淋給你吃」。恐嚇、威脅、利誘都會有效，但這都是威權式「上對下」的手段。剛開始效果十足，一次又一次之後，你講的故事要更恐怖，你的威脅要更大到「你再不聽話，爸爸就不要你了」，你的利誘可能從十元的冰淇淋提高成上千元的芭比娃娃或搖控車。

　　當我們用恐嚇、威脅、利誘使孩子「聽話」的同時，孩子也一直在長大，所以我們也要用更強勢的手段才會有效。也因為有效，我們會一直用下去，手段也愈來愈強勢，父母的權威（顯意識的意志）也跟著愈發強大，孩子也在這個過程中練就更大力量（潛意識的意志）。當孩子長大後，他／她叛逆、反抗父母的意志已很強了，這其實有大半也是父母訓練出來的（用威脅、恐嚇、利誘的方式鞭策出來的）。

　　透過這個父母（顯意識）逼迫孩子（潛意識）的比喻，很容易就可以理解：很多跑者也很常會去「嚇」自己的潛意識。好比跑間歇時，用一個自己很不熟悉的速度來逼自己跑完 8 趟 8 百，明明不適應，潛意識嚇得半死，你硬要「鞭策」自己每一趟都要跑到。這種方法很

有效，就像我們去恐嚇威脅兩、三歲的小孩要聽我的話一樣，一開始都會有效，而且見效很快、效果顯著。然而隨著潛意識逐漸被你練得愈來愈強大，當它的力量夠大，開始叛逆不聽話時，你此時可能已經壓不下來了。它會長成像「大象」一樣的力量，弱小的「騎象人」是對抗不了它的。

　　嬰兒的「自我意識」是最薄弱的，嬰兒不知道自己是誰，也不知道身處在何種世界裡，只憑最原始的生理欲求與本能來行動。所以老子才會說「絕聖棄智」與「復歸於嬰兒」這樣的話。很多人讀到這樣的話，還以為老子「反智」或「反對學習」，其實老子想要表達的是：我們要在某些情況下，回到一種沒有自我意識干擾，讓潛意識自動運行的狀態。所以道家不斷強調的「棄智」、「去智」是一種盡量消除「顯意識」的影響，讓潛意識自己去執行的一種狀態，這也是我們在第六章會進一步闡述的「心流」狀態。

　　從「嬰孩」與「成年人」的比喻，我們會知道：不能只依賴顯意識的理性，或單純聽從潛意識的直覺與情感，我們需要讓兩者協調與平衡。我們需要讓顯意識（成人）去指導和保護潛意識（孩童），讓潛意識（嬰孩）的想像力、豐沛的情感和活力去豐富成人的心靈。我們需要讓成年人與嬰兒相互尊重和相互學習。只有這樣，我們才能發揮我們心靈的最大潛力。

【比喻三】精靈與阿拉丁

　　我們前面提過潛意識裡有著許多自動化程式，有些是孩提時就寫

入的程式，它好比電腦裡所安裝的許多程式一樣，只要受到某些指令觸發，就會自動執行。潛意識可以同時處理大量的資訊，而且不會受到干擾或限制。阿拉燈神燈裡的精靈，可以幫助主人完成各種困難或不可能的任務，且不會感到疲勞或困惑。同樣地。潛意識也跟精靈一樣具有強大的多功能力，可以同時處理多種事務，不會分心或混淆，例如在睡夢中也在設法幫助我們解決問題、學習新知、創造新的想法。

關於自動執行這件事，若小時候練過游泳，長大後就不會忘記，一下水就可以很自然地向前游，就像是天生就會的一樣。「下水」是一個刺激，它引發程式啟動，只要適當的契機，就能重新自動執行。小時候學過的騎自行車、學過的歌曲也是如此，好幾年沒練習，一上車就可以自然地向前騎；一聽到歌詞就能把整首歌唱完，記起全部曲調、音準也絲毫不差。

但小時候寫入的程式並不一定全都是好的。例如某人小時候每當犯錯，他爸媽總是生氣大聲罵人，那他長大後成為老師或主管，只要遇到學生或屬下事情做錯了，此時「犯錯」就會啟動生氣罵人的程式，在自己還沒反應過來的時候就開口罵人了，因為是自動執行的。這時候，阿拉丁神燈裡的精靈固然擁有很厲害的魔法，但這個精靈不通世事，會做出很多蠢事。

潛意識像是神燈裡的精靈，隱藏在人的心底，不容易被發現，卻有著強大的力量。它看似憑直覺運作，不過它像精靈一樣，有自己的性格和情緒，好像人的第二人格。

在神燈的故事中，精靈平常是藏在一個不起眼的油燈裡的，只有

在特定的情況下才會顯現出來。同樣地，潛意識也是不容易被察覺的，只有在某些刺激或情境下才會浮現到我們的意識層面。阿拉丁想要喚醒精靈的魔法為己所用，不是用鑰匙，也不是用複雜咒語或敲打方式，而是要撫摸它。這是一個極佳的隱喻：當你想要運用「潛意識」的力量時，無須高深的技巧，你需要的是溫柔對待它，我們需要夠溫柔才能喚醒它。

喚醒之後，還需要特別注意「不輕易許願」。在你說出口任何一個願望之前，都要深思熟慮，那必須是你真正想要的。因為當你向潛意識表示你的願望之後，它就會努力幫你實現。有時不靈了，也許是因你願望太多，你把這個月的三個願望都許完了！精靈已無法力可用。

有句話是「心誠則靈」，實然如此。當我們一下子許願了十多種願望，這樣能說是「誠」嗎？當你誠心祈求，並在往後一輩子的人生中都不變心，那麼原本看似遙不可及的目標，就會逐漸靠近。從結果來看像是奇蹟，像是神明顯靈，其實是人心本來就具有的力量。

精靈通常是友善和忠誠的，會盡力服從主人的命令和願望。同樣地，潛意識也是為了我們的利益而工作的，會根據我們的信念和期待來調整自己的反應和行動。雖然潛意識如同精靈，可以實現人的願望，但也要遵守一些規則，例如不能違背自己的價值觀或道德觀。

精靈和潛意識也有一些不同之處。比如說精靈通常需要主人給予明確和具體的指示，才能發揮最大的效果。而潛意識則是根據我們隱含或不清楚的訊息來運作，有時甚至跟我們表面意識的想法相反。潛意識沒有目標，也沒有方向，它像是在黑夜中的精靈，法力高強，但

需要燈光指引方向，那道光就是我們（顯意識中）的理性。

【比喻四】野馬與馴馬師

　　從9歲起8度榮獲全美西洋棋冠軍的喬希·維茲勤（Josh Waitzkin），因緣際會下改練太極拳，竟練到出類拔萃，總計贏得21次全美太極拳冠軍，也曾贏得太極拳的世界冠軍。喬希有其獨特的學習之道，曾寫過一本書名為《學習的王道》(The Art of Learning: A Journey in the pursuit of excellence)，書中有段跟潛意識有關的精彩描述：

> 　　母親告訴我，馴服野馬的基本方法有兩種。第一是把馬綁起來，讓馬受到驚嚇。在馬兒身邊故意擦揉紙袋、敲擊鋁罐，讓牠瘋狂不安，讓牠承受被繩子與柱子控制的羞辱，直到牠屈服於噪音為止。一旦馬兒稍有屈服的跡象，你就乘機騎到牠身上，用馬鞭鞭策馬兒，讓牠搞清楚才是老大——馬兒會抵抗、俯身、扭動、奔跑，但牠卻怎麼也甩不掉你。最後，野馬終於不支地跪下來，臣服於被圈養的命運。馬兒經歷了疼痛、憤怒、沮喪、疲憊到近乎送命，最後終於屈服。有些人把這種方法稱為「驚威並施」。6

　　這種「驚威並施」的馴服野馬方式，在我讀來實在是心有戚戚焉。過去我在訓練時總是把自己操到疼痛、沮喪、疲憊到精疲力盡之後，才能感覺到這種祥和的心理狀態。許多人也是用這種方式在逼自己練跑，他們以「上對下」的指令或運用「憤怒」這種情緒來強迫跑

者訓練，把自己操到衰竭與疲憊不堪，逼潛意識就範，鞭策牠一起往前跑。這種方法當然有效，被操到力竭的跑者會進步，就像用驚威並施的方式也能馴服野馬一樣。

喬希接著在書中提到：

另一種馴服野馬的方式稱為「輕聲馬語」。母親解釋說：「在馬兒年紀還小時，我們就用溫柔的方式對待牠。你拍撫牠、餵牠、梳順牠的毛，牠自然對你感到熟悉，愈來愈喜歡你。你騎在牠背上，牠也不反抗，因為沒什麼好抗拒的。」你可以引導馬兒去做你想做的事情，因為牠也想要去做。人和馬協調一致，使用共同的語言。人並未打擊馬兒的志氣。母親又說：「如果你直直朝一匹馬走去，牠會盯著你瞧，然後可能會跑掉。你可以慢慢靠近牠，不要製造對立。即使是成馬，也可能被溫柔的馴服。好好的對待牠，讓馬接受你的想法。」母親接著說：「當你騎上馬時，你和馬都希望維持彼此和諧的關係。如果你想朝右走，你的身子就往右邊移動，馬兒自然會往同一個方向移動，好平衡牠身上承受的重量。」騎士和馬像是一體。人和馬之間建立了彼此都不願破壞的情誼。最重要的是，在人和馬的關係裡，馬兒的本性並沒有被剝奪。經過訓練，馬會顯露牠獨特的性格。這匹過去慣於奔馳原野的動物，體內仍然流動著充沛的活力。」[7]

■ 自我 1：顯意識：馴馬師
■ 自我 2：潛意識：野馬

　　我們可以把以上這段話用「顯意識（自我 1）」和「潛意識（自我 2）」來改寫：除了逼迫自我 2，使之不安、疼痛、憤怒、沮喪、疲憊最後屈服之外，另一種方式是以「輕聲馬語」的方式來馴服自我 2。在這種方式中，自我 1 要盡量用溫柔的方式對待自我 2，使自我 2 愈來愈熟悉並喜歡上自我 1。當自我 1 想要跟自我 2 一起在運動場上取得優異表現時，自我 2 不會反抗自我 1，因為沒什麼好抗拒的。只要不去打擊自我 2 的志氣，而是引導自我 2 去做一件不感到痛苦的事情，讓自我 2 也想要去做，使自我 1 的目標和自我 2 的需求協調一致，或進一步合而為一。

　　方法是要花時間慢慢靠近自我 2，練習跟自我 2 和解，不再衝突。好好地對待自我 2，讓自我 2 接受自我 1 的想法與目標。不要跟自我 2 講道理，因為自我 2 聽不懂人話（所以不要講道理），他們溝通的方式是「影像」、「感覺」與「感受」—— 對跑者來說，最重要的感覺是「體重」，最正面的感受是「喜歡與愛」，這有助自我 1 與自我 2 團結一心，建立起彼此都不願破壞的情誼。最重要的是，在這樣的夥伴關係裡，自我 2 的本性並沒有被剝奪。經過這樣的訓練，自我 2 將會顯露出獨特性格、開發出無窮的潛能與原始的活力。

　　大家可以想像電影《阿凡達》中主角傑克為了跟潘朵拉星上的人類軍團對抗，冒險馴服了迅雷翼獸（Leonopteryx），巨獸無法被命令，只能跟牠建立連結的溝通管道，這是一種柔性的馴服方式。

　　談到這邊，我想向各位分享的結論是：「練心」是一種運用顯意識來「馴服」潛意識的技巧，最終目標是尋求兩種意識的「合作」。

以身練心

　　我們很難捕捉到「潛意識」和「顯意識」的複雜性和多樣性，所以才會借助四個比喻，分別說明這兩種意識的意義與關係。我們再把重點整理如表格2。

　　如果不用威權與控制來強逼自己往目標邁進，還有什麼其他選項嗎？「利誘」的方式好嗎？或者說，是透過「名利」的誘因來驅動？其實這些並不是最好的方式，因為若已經沒有辦法再獲得名聲與利益

表2　「潛意識」和「顯意識」的意義與關係

潛意識	顯意識
【大象】 強而有力但笨重頑固	【騎象人】 像擁有實權的老闆， 或只是提供建議的顧問
【嬰兒】 幼稚、不理性、 做事隨性、隨心所至沒有計畫	【成年人】 成熟、理性， 做事有規劃有章法
【精靈】 有魔法可以讓事情自己動起來	【阿拉丁】 心中有各種願望
【野馬】 狂放不羈、速度十足但沒有方向	【馴馬師】 有特定的目標與方向

之後，朝目標前進的動力也會跟著消失。

比如說一位跑者，目前的成績常可以站上凸台，拿到獎牌，取得獎金，受到跑圈其他人的讚揚。但如果只是為了這些而努力練跑，當有一天年紀漸長，或出現更多、更強的跑者，再也無法取得名次與獎金時，那麼訓練的動力也將完全消失。所以我認為「名利」驅動的方式，跟用上對下的威權方式來逼自己努力一樣不是最好的。當馬兒頭前懸掛的胡蘿蔔消失後，向前跑的動力也會跟著消失。

那更好的方式是？

化解內在的衝突，讓內在的能量從「內耗」變成「整合」與「凝聚」。

方法可以透過靜坐、冥想或透過宗教信仰的力量，而透過身體的訓練也可以達到類似的效果。所以我提出「以身練心」的方式，跑者可以透過跑步（或其他耐力運動）的訓練與比賽的幫助，來整頓自己的內心，化解內在的衝突，使「顯意識」與「潛意識」和解，攜手合作面對更巨大的挑戰。

然而，「以身練心」目標的第一步是：先要打從心底喜歡跑步。意思是，使潛意識能夠享受到跑步樂趣，或感受到自己的價值。在這個過程中，有衝突或負面情緒出現是正常的，此時要認真看待它，觀察它，不要忽略它，也不要否認它。接著，採取行動。例如，透過改變強度或間歇，達成和解／化解衝突，此時意志力不變，而「心力」卻變強了！

和解／化解衝突的解方

　　我認為李崇建老師提出的6A，是一種人人皆可操作的流程，有助於練跑時也同時練習內在和解與化解衝突。分享如下：

- Aware（覺察）：覺察到，自己對於跑步，已經有明顯的排斥心理
- Acknowledge（承認）：我願意承認，自己當下有不想跑的心情
- Allow（允許）：我允許自己不想跑（不責備自己）
- Accept（接納）：我接納自己也有狀況不好／不想跑的時候
- Action（行動）：我願意主動放慢
- Appreciate（欣賞）：謝謝自己的認真、願意覺察、承認、允許與接納自己

　　覺察→承認→允許→接納→行動→欣賞

「適應輕鬆」的意義

「潛意識」就像是一隻擁有巨大力氣的大象、一位法力高強的精靈、情緒化卻潛力無窮的嬰孩或是狂放不羈的野馬；相對而言，「顯意識」的力量就很小，無法跟潛意識對抗。我們剛開始可以透過苦練來嚇嚇它、恐嚇它，但它的力量還是比你大，它只是被嚇到才屈服而已，所以「驚威並施」的方式（苦練的方式）並無法持久進步。最好的方式是與它建立溝通的管道，讓它跟你一起合作，一起動用身體的所有資源來執行動作。心理學家所謂的「心流」其實就是在這種互相密切的合作狀態下產生的。

所以訓練的目的是使潛意識逐漸熟悉新的速度、新的強度或重量，適應之後它就會覺得不受威脅，合作才有可能發生。

如果平常訓練時就一直吃苦，這代表意識與潛意識時常對立、互相搶奪資源，這樣的對立如果太過頻繁發生，就會形成既定的印象，潛意識就會被訓練得愈來愈頑強，危險的訊號也會愈來愈強烈。因此，「總是苦練」的運動員反而更難進步。因為苦練只會使得潛意識與意識之間的對立加深，此時既耗意志力，又同時削弱兩者之間的信任感。

當運動員總是動用龐大的意志力來苦練時，潛意識裡自我設限的「障礙」將愈長愈大，原本心裡的障礙只是一座小土丘，透過一再地苦練，心理的障礙將逐漸長成像喜馬拉雅山一樣高聳，直到再也無法攀越。若一位運動員不斷苦練，表現卻原地停滯不動，正是代表內心的

障礙已經過於龐大。此時你會找一大堆理由，像是「我沒有天份」、「我無法達到頂尖」、「我跟錯教練」、「我父母給我的身體就只能練到這樣的成績了」等藉口。最後，這道障礙就會一直立在你的心中，直到你不再苦練，設法跟潛意識合作，表現才可能再更進一步向前突破。

上面這些藉口都是先天決定論，都把無法進步的原因怪罪在別人身上，怪教練、怪父母沒有留給你好的運動基因、怪身體、怪自然、怪社會不重視運動員。但從我們對於意識與潛意識的論述來看，最主要怪罪的應該是：自己的心一直處在痛苦的對抗與衝突狀態中，養大了潛意識，從而驅使顯意識（也就是騎象人或馴馬師）為自己的退步、為自己的無法突破與失敗找理由。

這就是為什麼在訓練時不能只是一直苦練的原因。我們該做的是，設立一個「顯意識」與「潛意識」都能同意與互相合作的目標。你的意識所設立的目標必須被你的潛意識所信任。為了進步，你的「顯意識」和「潛意識」都必須同時相信你所設立的目標是可達到的。如此一來，雙方才能合作，一起同心協力朝目標前進。

在跟自己的潛意識溝通時，要試著溫柔一點，像是在跟小朋友說話一樣，用字盡量簡單、明確、專注且富有感情。練心時「要慢」，要有耐心；潛意識很容易被嚇到。請用輕聲馬語的方式來讓心中的野馬取得信任，讓它願意載著你前進。你要相信它，它像精靈一樣，能力是很強的，只要能取得它的信任，你等於像是阿拉丁一樣獲得了一個精靈般的夥伴。

戰逃反應是潛意識的本能

動物面對威脅時，會有Fight/Run兩種類型的反應，簡稱「戰逃反應」。

Run本身即隱涵了一種逃跑的意圖。我自己也跟很多人一樣，開始訓練是為了想要「逃避」生活中的失意或壓力，當成一種舒壓的工具，想要透過訓練逃向某種自由。當時的我，在練課表時處於一種由「我」來逼迫「自己」的痛苦狀態，練起來很勉強，每次訓練都只想要趕快結束，從痛苦的掙扎中解脫出來。

有些跑者開始跑步是想要「逃避」生活的某些困境或壓力，到最後站在賽道上之後也會慣於想要逃離。訓練時也會發生這種情況，例如今天的跑步課表是用比賽配速跑10公里，你邊跑就邊計算還有幾公里，好累喔，好想趕快休息，但你的自我意識告訴自己不能停，要努力，「再3公里就結束了」。這種「再幾公里就結束了」的想法就是一種想要「逃跑」的心情，想要盡快逃到「終點」之外。這個終點，可能是課表的終點，或賽道的終點，而這種心情很可能延伸到想要逃出工作的終點（想著還有幾年可以退休）、照顧小孩的終點（想著還有幾年小朋友就不會再這樣黏著我），這都讓你無法好好觀察到跑步、工作與照顧小孩的美好過程。

　　Runner，可以譯成「跑者」，也可以譯為「逃亡者」，或是延伸成「逃避現實的人」。

　　雖然我們是Runner，但不能只把意志力用在逃跑上，而是要用在「戰鬥」上。想要強化意志力就要把精神能量從Run轉到Fight。這兩種行為都是潛意識的本能反應，但我們可以運用顯意識來引導，讓心中的大象不要害怕，而是要鼓起勇氣來戰鬥。

　　下一章我們會談到「意志力」，它是一種精神的能量，當你把它用在「戰」就會產生勇氣；用在「逃」就會怯氣！要用在哪，是可以透過平常的訓練來養成不同的能量路徑的。

「輕鬆」訓練非常「不輕鬆」

　　為了使兩種意識能在跑步中互相合作，必須減少痛苦的成份。如果太過痛苦，潛意識會被嚇得想逃，你不只將跑得更為辛苦，技術與表現也將隨之下滑。

　　這也包括比賽。

　　很多人應該都看過一些頂尖選手在國際級的比賽中，跑進終點時看起來不會喘、還能舉手微笑致意？不知你是否想過：他／她們到底有沒有盡力？

　　過去我以為的「盡力」是跑到表情猙獰、齜牙裂嘴，進終點之前要剛好用盡全身的力氣，這樣才對得起自己和比賽。但每當我看到亞奧運的跑者進終點時還能舉手致意、並沒有非常喘，而且還笑得出來。難道他／她們沒有盡力嗎？

　　經過幾年的研究，我得出的結論是：他／她們盡力了，但那種盡力，並不只是把體能催到底，而是一種「心→體能→力量→技術」之間，能量通暢無阻地流動的一種狀態。只要其中一環（一個元素或一個箭頭）的能量卡住了，肌肉會變得僵硬，動作會開始掙扎，接著痛苦會浮現，表現也會開始下降。所以痛苦與掙扎並非「盡力」的必要元素，反而是阻擋最高表現的障礙。

　　當然，速度愈慢愈容易順暢流動，速度愈快或練跑的時間愈久愈容易卡住，而頂尖選手就是可以在高速下用這種方式盡力。這種「不太痛苦」的盡力方式是需要刻意練習的，並非只是想做就做得到；表情猙獰、齜牙裂嘴的盡力反而相對比較容易，你只要想，就做得到。所以我常在講：「放鬆比用力難多了！」

　　然而，要能在高強度下保持身心的放鬆，是需要在平常練習時就溫柔地對待潛意識，先讓它夠放鬆，才有可能在高速下保持身體的放鬆。所以我們說，最頂尖的選手是最懂得「放鬆」的選手。

　　我們常會把「耐力」當作「忍耐力」，也就是比誰最能忍受痛苦、看誰忍比較久。但若調整一下視角，把「耐力」解釋成「持續力」，比較的基準就會變成：誰能在同樣的速度下持續更久。此時路徑就打開了，不只有忍耐痛苦這條路，還有一條路是看誰最能在同樣

的速度下「放鬆」。例如以3分速前進時，菁英選手可以在騰空時放鬆，但沒有髖關節活動度、腳掌拉不起來的人，或是對這個速度感到恐懼的跑者，若是跑這麼快，就會很緊繃，根本放鬆不了，所以會愈跑愈掙扎，自然無法用3分速跑太久。也就是說，在高速下，菁英選手可以該用力時用力，該放鬆時放鬆，所以才能有持續力，也才能用同樣的速度跑完半馬或全馬。

適應痛苦，還是適應放鬆？

我們都聽過舒適圈的概念。任何進步都是從「適應」來的，原本不會、不習慣的事，做久了或練久了，這些不舒服的事（或不舒服的速度）就慢慢被納進自己的舒適圈。適應，可以比擬為擴大自己的舒適圈。問題是，不少人總是跨得太大步了，所以一開始很辛苦，進步之後還想立刻再進步，所以再繼續往前跨，又繼續痛苦……如此反覆不斷地去「適應痛苦」。在這樣的過程中，固然會進步，但也很容易碰到瓶頸，因為一直處在痛苦的狀態中，人的潛意識（打從心底）並不喜歡！這種內在衝突的狀態會限制技術知覺的開發，很多人的成績就是卡在這種內在的衝突中。

我的建議是：大部分的訓練應是「適應輕鬆」（適應痛苦的訓練也是要有，但比例應較低）。例如某位跑者的的10公里已經從40分進步到38分，代表每公里3分50秒的配速已經納入舒適圈的範圍，此時應在舒適圈的外圍再多待一會，讓這種有點苦、又有點舒服的狀態再多

適應一會兒，把該速度所需的力量和技術知覺打穩後再往前，進步的路才會走得比較遠。

先談談「適應痛苦」。以間歇訓練來說，今天要跑 8 趟 800 公尺，前兩趟跑得不錯，都跑得比上星期快（上星期都跑 3 分整附近，今天快了 10 秒，跑到 2 分 50 秒，感覺卻差不多），所以第三趟就會想跑更快，也真的跑更快，跑到 2 分 45 秒，狀況極好，但跑完很喘。接下來五趟為了想繼續看到 2 分 50 秒以內的數字，所以逼自己要盡力，也真的每趟都跑到 2 分 40 到 45 秒，但每次跑完都喘到快把肺吐出來了，極為辛苦。這種就是「適應痛苦」的練法，雖然辛苦，但一開始進步很快，練完後也會有一種爽快感。

「快」除了指錶上的速度很快所以會讓人很愉快之外，也是指訓練時間縮短了。這種「快」是痛苦換來的，但會讓人覺得滿足，覺得自己辛苦換來更好的成績。

另一種「適應輕鬆」要追求的不是「痛快」，而是「輕快」。它的訓練時間會拉得很長，因為要花時間磨。回到上面的例子，今天前兩趟跑 2 分 50 秒，比上週快，體感跟上週差不多。此時若想：要怎麼才能跑得跟上週一樣，在 3 分速附近，但更輕鬆呢？這是「適應輕鬆」的練法要追求的問題。這個時候，我建議第二趟結束時最好要調整一下，讓心情平靜下來，休息足夠後短衝個 10 到 20 公尺，抓一下跑感。等到狀態來了，再接著跑第三趟，跑到 2 分 55 秒，而且比前兩趟和上週都輕鬆許多，你很滿意。接著就是要延續這種輕快跑到目標配速的狀態，讓後面五趟都能做到，那就不能急，一趟一趟把好的狀態

跑出來，中間的休息也要花時間，讓好的跑感沉澱下來。

　　這種訓練方式可能會使最終的訓練時間多出半小時以上，但哪種訓練品質比較好，我們都知道。這種追求輕鬆的練法，一點也不輕鬆。因為要一直磨、不斷注重自己的感覺與感受，並給出相應的調整。這樣很花時間，也很花精神。

不貪心的訓練

　　進步時或狀況好時，切勿貪進。若太急著跑更快或想進步更多，有時的確會有速效，但更可能提高受傷或碰到瓶頸的機率。所以，進步應該慢一點比較好。

　　這個觀念也跟「適應輕鬆」的練法一致：不跨大步，才能減少阻力，反而之後可以跑更快。這個原則說來容易，做起來很難，跑者要去掉對速追求的執著心，不然在練間歇時一定會出現「還覺得很輕鬆、還能跑更快為什麼不跑呢？」這種想法。

　　對速度和進步的追求是人人都有的執著心，但在許多訓練現場，必須「忍」住，去掉貪進的心，「守」在規劃好的配速區間裡。

【第 4 章】

跑者的意志力

談到意志力，許多人先入為主認為意志力是一種人格特質、一種美德，或者以為某個人要不是很有意志力，就是毫無意志力。然而，意志力跟體能一樣，雖是一種內建的機制，但也是一種可以透過後天訓練而提升的能力。

人類最大的特徵之一，在於大腦具有可塑性很強的「意志力」（Willpower）。其他動物大都跟著欲望與衝動這等本能意志來行事，只有少數經過訓練的狗狗能克制欲望，忍耐等待主人下令後才去吃盤裡的食物；或是遵從主人的指令，跑到遠方把皮球撿回來。

意志力的三種功用

人的意志力當中，有跟其他動物相似的能力，也有動物所沒有的能力。

掌控意志力的部位在大腦的「前額葉皮質」。研究者凱莉・麥高尼格（Kelly McGonigal）在《輕鬆駕馭意志力》（The Willpowr Instinct）一書中把意志力功用分成三種：「我要去做」、「我不去做」

圖4　人腦中意志力的所在位置及其三種功能

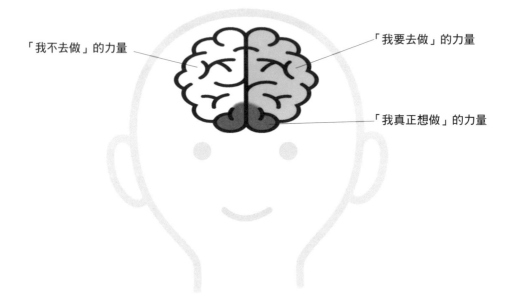

圖片改繪自《輕鬆駕馭意志力》，台北市：先覺出版社，2012年9月出版，頁20。

以及「我真正想做」。

- 我要去做：

  此種意志位於前額葉皮質的左上方，它能幫忙人完成困難、單調與艱辛的任務。例如你可能最害怕長距離慢跑（LSD）課表，因為太長太無聊，每次來到這種課表你都很想找理由逃避，這正是你需要運用「我要去做」的意志力來行動的時刻。

  我把它稱為：意志的行動力。

- 我不去做：

  此種意志位於前額葉皮質的右半邊，它的功能是幫你克制衝動與欲望。例如你想早起練跑，就必須運用意志力「制止自己」按掉鬧鐘後又爬回床上的衝動。

  我把它稱為：意志的自制力。

- 我真正想做：

  此區塊的位置最低，位於兩眉中間上緣部分，它專門用來記住你的目標和夢想，讓你能一步步的實現它。這類意志力很特別，若追求夢想的意志強烈，會同時提升「行動力」與「自制力」。它是人類最特殊的能力，其他動物沒有。所以只有人類會為了追求在42.195公里的距離內打破最佳個人紀錄，而在每天上班前早起練跑。以狗兒來說，它不會為了打

破自己的最佳跑步紀錄而設定目標每天練跑，這種事情只有人類會做。

我把它稱為：意志的夢想力。

意志力並非人類獨有

有些動物，例如鮭魚與候鳥，在「行動力」的展現上，人類可是望塵莫及。它們的大腦會發出強烈的指令，使這些動物在季節轉換時，長距離橫跨廣大的海洋，那種不到終點絕不罷休的毅力，就跟牠們獨特的運動能力一樣，讓大多數的人類都比不上。這類行動力，屬於潛意識所發出的指令，非常強大，正如浮冰變少後北極熊要游數十公里以上才能上岸，或是草原動物遷徙數千公里才能抵達新的草原和水源區，這類求生意志是「潛意識」的意志力，這跟顯意識的意志力比起來，可是強大非常多的。

但動物的意志力主要僅止於「我要去做」的力量，牠們的「自制力」很差，也沒有規劃未來與實踐夢想的能力。你無法叫一隻鮭魚不要迴游到出生地（自制力），牠不會為了變成世界上游得最快的鮭魚（夢想力），開始在海裡訓練游泳的肌肉和呼吸（心「鰓」系統）。你也無法要候鳥為了挑戰最高飛行紀錄而開始節食、減重和鍛鍊飛行能力。

人類為了跑完馬拉松或突破個人最成績，會在休閒時間努力訓練，會捨得花錢、花時間去訓練、去參加比賽。但動物大都著眼於眼前的利益，滿足當下的欲望，不會想太遠（潛意識只能活在當下，只

能順從渴望）。換句話說，我們與其他動物最大的差別是：人類心裡有「真正想做的事」，具有落實夢想的能力。周星馳電影《少林足球》中有句很有名的台詞：「做人如果沒有夢想，跟鹹魚有什麼分別？」也是在講同樣的道理。反之，其他動物沒有想做什麼，牠們只是不同的基因打造出來一種會動的生物，執行寫在潛意識裡所指定的任務，找吃的、保護自己、交配、哺育後代。人類的基因裡也已經寫入這些任務的程式，但人類的特殊之處在於我們可以為了長遠的目標，把「夢想力」指令的優先權排在這些先天的指令之上，忍耐著不去滿足眼前的欲望。所以只有人這種動物在吃飽後（以現代來說是週末不用工作的空閒時間）不好好休息還到大太陽底下去練跑，或到賽道上去跑個42.195公里。

　　能夠設定長遠目標、執行、然後達成，這種能力只有人類才有，而且還能透過訓練而變得更強。所以菁英跑者的前額葉皮質都非常發達，因為跑步不只鍛鍊肉體，也磨練心志。

意志力的本質是精神能量

　　Power在重訓室裡被稱為「爆發力」，在自行車或跑步訓練中被稱為「功率」，在物理界的定義是「單位時間內所做的功」。至於與體力有關的Power，則是自行車選手非常在意的最大平均功率輸出（MMP）、舉重選手必練的挺舉與抓舉等爆發力動作，以及短跑選手衝刺時加速的爆發力等。

　　意志力的英文是 Willpower。從西方的定義來看意志力，是指「精神能量的輸出功率」，尤其是指短時間內、快速輸出的過程。輸出得愈猛，競爭的張力愈強，比賽也愈具有戲劇效果。例如一位拳擊手已經遍體鱗傷，被擊倒後仍能在 10 秒內動用強大的意志力爬起來再繼續戰鬥，或是一位跑者因為體力耗盡，跌倒在賽場上，最後 200 公尺爬過終點線。

　　在上述這些時刻，身心都想要休息，想要躺下，潛意識不想再戰鬥、不想再跑了，因為潛意識的功能之一就是保護自己，但人可以運用強大的意志力來對抗身心的需求。好比意志力強大的跑者可以在極短時間內輸出精神能量，制止自己放慢，並要求自己忍受身心的痛苦，繼續維持配速跑下去。

　　當挑戰太巨大，身心的需求太過強烈，就需要動用更大的意志力來逼自己完成。我們的確需要有這種意志力來面對挑戰，可是面對巨大的挑戰，自我 1 會感到害怕，所以會屈服於本能（因為自我 2 想要保護自己），因而逃避挑戰。

　　解決的方法是把挑戰拆分成較小、較容易（自我 2 不會害怕）的小目標，讓自我 2 比較容易被自我 1 的意志所說服，一起去達成目標。當然，你一樣可以用粗暴的方式，動用自我 1 的強大意志力去逼迫自我 2 完成這個龐大的挑戰。

　　但這需要大量的精神能量，將消耗大量的意志力，有些意志力不足的人無法這樣做，至於那些擁有強大意志力的人雖然可以做到，但消耗過多精神能量之後，在面對其他工作和生活任務時，會變得有心

無力，面對誘惑的自制力也會變差。

兩種意識都有意志力

　　我們之前把意識分為「顯意識」與「潛意識」，並把這兩種意識用「自我1」與「自我2」來區分。這兩種自我都有意志力，「自我1」最特別的是具有夢想力和自制力，「自我2」也有自制力，但較為薄弱，需要特別訓練，因為「自我2」容易被動物性的本能和欲望牽著鼻子走。「自我2」的強項是天生內建的本能意志或求生意志，前者如蜜蜂築巢、候鳥返鄉，後者好比北極熊在海水中長泳求生。

　　但人類獨有的「夢想力」（屬於自我1的力量），能使我們忍受痛苦、暫時停止滿足眼前欲望──這些是壓制動物性本能（自我2的力量）的動作。這種忍耐與壓制的過程非常耗用意志力，因為潛意識的力量非常強大，我們想要它屈服，需要耗用很多精神能量，因此不適合太常這麼做（適應痛苦），我們最好能透過智慧的安排，讓自我1當中「夢想力」的目標被自我2所接受，使它認同你的夢想，願意攜手朝著夢想一起前進（也就是適應輕鬆、輕聲馬語式的練法）。

意志力：限量供應

我舉一個拆解挑戰的例子。幾年前有些朋友從台北來花蓮移地訓練，當晚跟他們約好次日一早要一起橫渡鯉魚潭。第二天早上寒流來襲，起床後聽到雨聲，騎車前往鯉魚潭的路上，寒風灌進衣領裡，細雨從鼻子和嘴角鑽進去，眼睛看見的是陰暗的天色，大家不禁直打哆嗦。這是最消磨人意志的天氣了。

此時大家的「本能」就是不想下水。但我非常清楚，在最不想做的情況下，完成既定計畫的暢快感是最豐沛的，因為兩種自我攜手一起完成了一個難度較高的挑戰，這是一種重要的「練心」過程。所以我當時出門就決定，今天非帶大家下水不可。

一到潭邊，大家看著我，一副不想下水的樣子。我說：「先去摸摸水，看水溫如何再說。」我知道氣溫才剛下降，所以潭水的水溫一定變化不大。我也清楚做任何事要先從簡單的開始，先不要去想下水橫渡鯉魚潭這件事，這個任務太龐大了，先想「摸」水比較簡單。

當天早上氣溫比較低，騎車到鯉魚潭的路上手掌的溫度本來就會很低，所以當手碰到水後會覺得水是溫的，這個「感覺」是潛意識（也就是自我2）可以理解的部分，那會讓感覺變好，內心的排斥感會降低很多。所以接著我說：「我們先換裝，下去泡泡水，順便在水中拍張照就好，要不要游，下水後再說。如果不會失溫、不會有危險我們再向前游一點。」

因此大家開始把衣服脫掉，穿上防寒衣，走到岸邊拍照（這是一

種公諸於世：我要下水了的過程，因為照都拍了，穿了防寒衣還沒下水就太說不過去了），拍照後我就先跳下水（先當領頭羊，帶頭做），隨後大家也先後跳入水，在水中拍張照。

接著我喊：「水中比較溫暖耶。」感覺上這是事實，換完裝後，空氣很冰，所以待在水中的感覺與感受比在岸上好。接著我說：「我們試試看往前游一點。」我帶著大家游了一兩百公尺後，停下來問大家還好嗎？大家反應沒問題，我們就在沒有太勉強的情況下橫渡了鯉魚潭。

人類大腦內建了抗拒不舒服感覺的本能，因此只要想到「好冷喔，會失溫」，就不想也不敢下水。但我知道實際情況並非如此，當天的條件下，大部分的人都游得完，只是害怕而已，這種害怕出自於潛意識的保護機制。

前面討論過：意志力具有三種功能：

• 我要去做（行動力）
• 我不去做（自制力）
• 我真正想做（夢想力）

其中的「行動力」與「自制力」跟那天的情況很像。首先大家必須先動用自制力，制止「想逃避今天課表」的思緒持續蔓延，制止意識把注意力放在「冷的感覺」上。再來最重要的是用行動力來開始做點什麼，「把手放到潭水裡」是我的第一步。

當天所拆解的行動順序是：先走到岸邊摸水→拿泳具→把衣服脫

掉→穿上防寒衣→走到岸邊拍照（公諸於世：我要下水了）→跳下水。只要能跳下水，今天的課表就算完成80％了！（在做每一步時都不去想下一步，意志力就不會分散）

科學家研究意志力的結論是：「我們的每一項意志力似乎都來自同一種力量，因此每當我們在某處成功發揮自制力，對於其他事物的意志力反而更顯薄弱。」8所以在那天，大家從寒流的早晨起床，在寒風冷雨中騎車到鯉魚潭時已經耗掉許多意志力，這時也是大家意志較薄弱的時候了，需要先從較簡單，不需要動用太多意志力的行動開始。

意志力領域研究的權威——鮑梅斯特（Baumeister）也用「自我耗損」（ego depletion）這個詞來描述人類約束自我思想、感受行為的能力衰退。他發現意志力用光後（不斷克制欲望、執行決策時，都在消耗意志力），最後就會屈服放棄。自我耗損是一種雙重打擊，因為當意志力衰退時，自我2的欲望與自我保護機制也會比平常更強、更難克服。

貪圖安逸也是欲望的一種。如果昨晚工作太累、太晚睡，早上已動用強大的意志力才從床上爬起來時（更可能發生的情況是早上的意志力就不足以打敗睡魔），那你今天就很可能在訓練時覺得意興闌珊，或敵擋不住潛意識趨於安逸的聲音不斷說服你，或是在你準備起床的冬日早晨對你耳語：「今天這麼冷又下雨，多休息一天吧，不要出去跑了。」那個想要偷懶的心聲其實就是潛意識，你心中自我2的另一個形象。

研究人員在觀察實驗室內外數千人之後，得到兩點結論9：第一，

你的意志力是限量供應，而且愈用愈少。第二，當你應付各式各樣的事情時，你用的是同一批意志力的存量。

精神能量就像水塔裡的水，供應有限，不管你洗澡、洗菜、洗車或飲用都用同一個水塔裡的水。每個人的水塔大小不一，因此每人每天的水量都不同，但都是限量供應的，用完就沒了。

因此「專注」與「拆解任務」就變得非常重要。專心就像用手指壓住水管口讓水柱射得更遠更有力一樣。既省水，水力又大。

如果一次只把意志力用在一件事情上，事情就比較容易向前進。就像在那天在寒雨中橫渡鯉魚潭的步驟：先走岸邊摸水→拿泳具→把衣服脫掉→穿上防寒衣→岸邊拍照→跳下水中→水中拍照→游完全程。最大的挑戰是「跳下水」，最後一步游完全程反而是比較容易的。

但千萬別每天都捨不得用意志力（這就像省水省到不洗澡），意志力就跟肌肉一樣，愈用愈有力量（水塔會愈練愈大）。別省著積在水塔裡，死水再多也無用，流動的水才有價值，我們需要的是把意志力用在自己真正想做的事情上。

欲望之坑：意志力的訓練機制

我是一個很喜歡耐力運動的人，大學時期是練游泳，後來練跑步、自行車和鐵人三項，我可以從訓練和比賽獲得許多樂趣和成就感，但除此之外，為什麼喜歡呢？

世間還有許多有趣的事情也可以同時取得樂趣與成就感，為什麼

要選擇像跑步這種辛苦的運動呢？尤其是馬拉松，長達42.195公里，不只比賽時辛苦，也要花很多時間和精力來訓練。全世界每年所舉辦的全馬賽事如此之多，人類為何喜歡跑馬拉松？

這個問題曾經困擾我很久。動物的天性之一是「好逸惡勞」，只要能提供安逸舒服的環境，應該沒有動物會為了想要跑得更快，自己去跑個42公里再回來休息，因為這對生存沒有任何幫助。但人類竟然會為了比賽而「好勞惡逸」，下班或放假時不待在家裡好好休息、躺在沙發上追劇或去看場電影、或是約朋友去咖啡廳聊天，為什麼要特意訓練自己？為什麼要跑馬拉松？

或許有人是為了追求工作以外的自我成就，想要累積獎牌或是打破個人最佳成績；也有人是為了透過比賽的壓力逼自己跑步減重，我認識一些跑者是因為健康檢查的報告書上出現太多紅字，醫生提醒要運動才開始跑步的；當然也有人剛開始只是跟風，朋友或同事報名了就一起去。

然而，我知道自己並不是這樣。我也認識不少耐力運動的愛好者，他們不是跟風，不是為了減重、降血壓降血脂或是為了健康，也不是為了成就感。當我問他們時，他們也回答不出來為什麼喜歡跑步。

為了名次、為了PB或是搜集獎牌，這些成就感都屬於外在的社會因素，當賽事取消（例如在疫情期間那樣），外在因素的成就感就會消失，此時有些人就失去了練跑的動力。另外，減重、降血脂、降血壓與追求健康皆屬於「生理因素」，若是為此而跑，那當身材變苗條了，血脂血壓都降下來了，健康報告的紅字也全都消失了，醫生告訴

你現在非常健康，那還會想繼續跑步的理由是什麼呢？那些熱衷跑步的跑者背後的推動力，會是什麼呢？

我最後的結論是「幸福感」！

曾為馬拉松努力訓練過的跑者們大都有過類似的經驗：在馬拉松比賽的中後段，可能是在剩下最後 5 公里時，腿會變酸變硬，身體的能量愈來愈少，心中欲望變得極為卑微：「只要能停下來就好！好想趕快到終點！」

通過終點線後，光是「停下來」這個簡單的動作就是一種幸福。跑過漫長的 42 公里後能坐著休息，好好呼吸、喝水、吃著主辦單位準備的西瓜，那可是跟躺在沙發上喝水吃西瓜的感受天差地遠。水跟西瓜本身並無不同，但在體驗過辛苦的比賽過程之後，西瓜、水跟空氣都變成甜美無比，這是一種很純粹的幸福感。因為經歷過辛苦之後，幸福的門檻總是降得特別低，全部的注意力都回到生理基本的需求上：空氣、水、食物、好好休息。

因此我才明白：欲求被滿足後就會感到幸福，所以欲求愈少，愈容易感到幸福。透過跑步這種需要辛苦付出的行為，欲望會變少，幸福會變容易。

滿足欲求→感到幸福

欲望愈少→愈容易感到幸福

欲望就像是地上的坑洞，要把它填滿才能感到滿足。如果欲望之坑愈少，愈容易填滿，也就愈容易感到幸福。所以「幸福美滿」這四個字我們可以把它具像化成：往欲望之坑裡倒水，水從坑裡滿出來的

狀態，那種狀態在心裡面是一種我們稱之為「幸福」的感受。

　　欲求不滿，有兩種情況，其一是坑洞很大，其二是坑太多。後者（坑洞太多）的情況好比我們想做很多事，想要提高跑步成績，又想要提高游泳成績，也想要提升自己的英文會話能力，同時想要去做、想要進步的事情太多了，結果都做不好，此時就算英文會話能力進步了，也覺得不滿足，因為跑步和游泳仍然止步不前。

　　前者（坑洞很大）的情況是指一個人可以很專注在自己的目標上，例如某位跑者很想提高自己跑步5千公尺的成績，目標相當明確，但他的期望太高了，他現在的成績是25分，他想在一年內進步到17分鐘以內，這個坑很大，而且他給自己的時間太短，儘管努力訓練朝目前前進，可能也無法在一年內達到目標（把坑填滿）。因此，在這一年過程中，他可能都不會感到幸福，一年後僅管他已經進步到18分鐘了，但這樣的結果也會讓他覺得沮喪。

　　不論要填的坑是大是小，是多是少，填坑（滿足欲求）的方法是「行動」。行動可分為「高效率」與「低效率」兩類。前者大都多透過刻意學習與練習而來。

　　我們在安逸的情況下，心裡的「欲望之坑」會不斷增長，愈長愈多，這是人性，無可避免，所以有人把欲望比喻為野草，辛苦的除完草後，春風吹又生。我們都知道欲望太多並不是好事，它不只讓人覺得不幸，還會讓人疲於奔命去想把這些洞填滿，但怎麼填都填不滿，又累又沮喪。

　　想要感到幸福的方法，在此變得顯而易見了。就是抑制「欲望之

坑」的增長，甚至減少這些坑洞的數量。

　　方法其實很簡單，各種吃苦的磨練都可以降低人的欲求，像是單調的跑步動作就能去欲，像變魔法一樣，使你心中各種欲望之坑消失。當它們的數量降低後，就特別容易被滿足與感到幸福。如果有練過高強度間歇課表的跑者會知道，在跑得氣喘噓噓時，我們的需求會降得很低：只要能停下來好好呼吸就是幸福了。

自找苦吃（自找的痛苦）

「痛苦」會「去欲」，但「去欲」，就一定會感到幸福嗎？

　　痛苦、辛苦會讓人減少欲望（去欲）沒錯。每個人在苦難中，欲望都會跟著減少，但如果「痛苦→去欲」的過程並非自願，而是生病、被奴役或是被教練逼著去跑步，此時雖然在過程中也感到痛苦，欲望也確實降得很低了，對受苦者來說光能躺下來休息已經覺得很好了，卻不會有幸福的感受。因為他們感到痛苦的行為，是被逼出來的。

去欲所需的苦，必須是「自找的」，才會帶來幸福感

　　馬拉松、鐵人三項、自行車公路賽等耐力運動的訓練與比賽過程，皆需要經歷許多辛苦才能完成，若要打破自己個人最佳紀錄，其中的辛苦更是要親自經歷過才知道。然而，正因為這種苦是自找的，沒有人強迫，所以在辛苦過後常可品嚐到幸福的滋味。

　　耐力運動或比賽之所以讓許多人樂此不疲，從中感受到幸福，究

其背後的條件要有：自願的、忍耐、辛苦、欲望減少、基本生理與心理需求獲得滿足。

許多人一想到耐力運動，就會想到這是一種需要「忍耐」的運動。關於忍耐的「忍」字，常聽到人家說「忍字頭上一把刀」，但我看到的明明不是「刀」，是「刃」，是刀子用來切割物品的鋒利之處。想到這邊，很多人聯想到的是「刃」是會傷人的，所以「忍字頭上一把刀」這句話會讓人想到「忍」耐，就是在傷害自己的「心」，是一種自殘的行為。

而我的想法是：任何工具都可以傷人，但大部分工具被發明出來的用處都不是為了傷害別人，而是為了某些功用。

「忍」字上的「刃」字，意指「刀鋒」，是用來切割的。它在切割什麼呢？

我想到的是欲望，而且是過多的欲望。古人把欲望比喻成雜草，極為貼切。我家的院子很大，每到夏天，雜草就會在院子裡瘋狂生長，非常可怕。除草之後不到一個月，雜草就可以長到一個人高。想把欲望割除，需要有「刃」，不論是割草刀的「刃」，還是除草機的「刃」，我們都需要某樣有「刃」的工具來除草，除掉心頭過於蓬勃生長的欲望。

我們看「忍」字下面是一個「心」字，因此我們可以把它理解成：當心頭上長出各式各樣的欲望時，我們可以透過忍受（自找的或被逼的）痛苦來切割欲望，藉此達到去欲的效果。這也是游、騎、跑、鐵人三項運動這等耐力運動所帶來的功效。

　　前面提過，去欲，不一定幸福。這個去欲的過程要是自願的。所以，痛苦過後不一定能感到幸福，但自找苦吃之後「通常」能感覺到幸福。所以我的結論是：「自找的痛苦→去欲→感到幸福」。

　　不過關於自找苦吃中的「自找」，必須是「打從心底的自願，兩種意識都想要」。若是只是顯意識一廂情願的想要，潛意識每次練跑都很痛苦的話，那也不算真心的自找。因此，「自找」可以分為兩種情況：

　　1. 心口不一：自我1（顯意識）決定的目標，但自我2（潛意識）可能不甘不願。這種情況的表現形式是「心口不一」，嘴裡說喜歡，說是自己要的，但每次做這件事時，心裡並不是很愉快、反而是負面的情緒比較多。

　　2. 打從心底想要：最好的情況是自我1和自我2一起決定的，這個目標是兩個自我都想要的，這是打從心底的「自找」。此時自找苦吃中的「苦」是外人看起來很苦、很無聊，但當事人覺得是快樂的、是有趣的。

　　然而，就算是自找的痛苦，也不能全部都是痛苦，這種「只強調意志力」的練心方式，一定會造成負面效果。當你只為了「打破紀錄」或為了「PB」而忘了初衷，連這項運動美好的部分也完全被切割掉了，只剩痛苦；或為了「贏」於是把人性中「真」「誠」「良」「善」的

本質也給切割掉，這就已經做過頭了！透過自找的痛苦，把多餘的欲望切割掉，有助意志力的提升，體驗幸福美滿的滋味，也有助夢想的實現。但如果為了實現理想，而把人性中美好的本質也切掉，那問題就大了。

無欲則剛

常聽到有人說：「跑馬拉松的人意志特別堅定。」這話說得特別好。有一回在台北捷運站偶遇到一位朋友時，閒聊時他問起：「你為什麼可以讀了化工系，又讀外文系，又去讀中文研究所，又跑去練鐵人三項，之後又能改去寫作和翻譯，接著又投入開發網站，怎麼可以跨這麼多領域？」

「因為都是我想做的事啊！」我回，「因為想做，因為是夢想，所以就去做了。」

「但很多人都有想做的事，也有夢想，為什麼無法像你一樣真的去做呢？」朋友問。

我當下想到《論語‧公冶長》裡的一段小故事：

子曰：「吾未見剛者。」
或對曰：「申棖。」
子曰：「棖也慾，焉得剛？」（出自《論語‧公冶長第五》）

　　這段對話的意思是，孔子感歎地說：「我還沒有見過真正意志剛強的人。」有人反問孔子：「申棖這人應該算剛強吧？」孔子回說：「申棖欲望太多，怎稱得上堅強剛毅啊！」這段對話，後來也衍生出「無欲則剛」的成語。在先秦時代，名詞前的「無」字，很多時候是當作動詞用，是捨棄或消除的意思，跟前面提到「刃」（刀鋒）是用來切割的意思是一樣的。

　　「無欲」意指切割欲望，它可以透過自找苦吃的行為來達成，而跑

圖5　夢想與意志

 **完成夢想的機會**

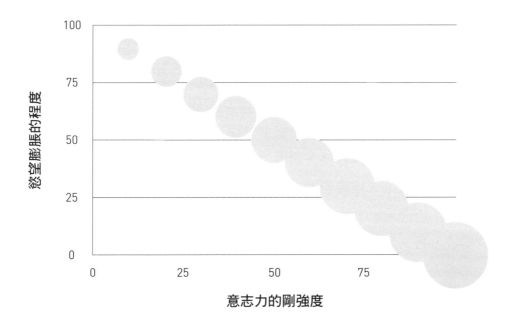

意志力的剛強度

馬拉松就是最常見的一種行為。只要在臺灣的冬季週末，就時常可見許多跑者透過這種自找的苦行，來練就更加剛強的意志。

欲望過多的人無法達成夢想，因為有太多欲望需要被滿足。人的時間和精力有限，人若想要完成一件難以完成的工作或成就，需要的是給自己先挖一口大大的深坑。

也許你也聽過「夢想愈大，成就愈高」這樣的話，意思是你先要敢作夢，才有可能達成，如果連想都不敢想，那就更不可能達成了。

我想因為我的欲望很少，對於生活的要求很低，只是很喜歡做學問和運動，還有把知識整理出來分享，分享的形式也逐漸變化，從一開始的部落格，漸漸變成：寫書→開始翻譯國外著作→演講→當教練→寫臉書→拍影片→近年做網站和開發APP。本質都一樣，都是分享知識而已。當然，我也靠這種分享知識的行為和外衍效益，賺到了可以維生的金錢。

但我不會只為了名利去做自己不想做的事，因為我知道如果我只要一這麼做，就無法再剛強起來，真正的夢想也會離我愈來愈遠！

因為欲求低，所以限制也很少，我可以盡量去做自己想做的事，只跟合得來的單位與夥伴一起做事，合不來就離開。我很有被討厭的勇氣，不求人家一定要喜歡我，因為我認為孔子說得很好：「唯仁者能好人，能惡人。」我不是一百分的仁者，但好人惡人倒是有明顯的界線在心裡，我只跟合得來的人交往，也只做自己想做的事，不想做的事沒人可以逼我，也沒有任何金錢和名利可以誘使我做。

所以我認為任何想要追求夢想的人，要先「去欲」，先減低欲

求，就會變得剛強；要先能好人惡人，切勿變成好好先生；只要初衷是為了貢獻他人而且能不在意其他人的想法，就能走自己的路，做自己想做的事，一切跟自己比就好，做事保持著幫助他人的初衷就會一直有動力做下去。

中國哲人的智慧，真是言簡意賅。短短四個字就道出了實踐夢想的真理。

過去練游泳、練鐵人、突破自我的最佳成績、寫作、翻譯、演講到自己滿意，或做出線上分析工具等等，都是我的夢想。每一關都碰到很多困難，但盡量去一一實踐。未來還有好多書想寫，好多書想翻，好多事情想完成，更大的夢想好像還很遠很難，但我一點也不會徬徨不安，因為重點在過程而不在結果，功成名就與金錢都只是結果，想要去做與真的去做才是安心與夢想的美妙之處。

就像 18 歲的我還不會游自由式，站在池邊看著泳池裡來去自如的學長姐，那時我從沒想過可以用自由式游完 1500 公尺，但大一還沒結束就第一次腳不落地的游完。當時成績是 40 多分鐘，但可從沒想過可以游到 30 分內；第一次游進去是大二，那時從沒想過游完 1500 還可以騎 40 公里再跑 10 公里。完成標鐵是大四，而大四時也從沒想過我可以比得完 226 公里的超鐵，更沒想過可以在 10 小時內完成。

任何遠大的夢想都是從剛強的意志所實踐出來的，而剛強的意志來自於極低的欲望。欲望愈低，意志也就愈剛強，夢想完成的機會也愈大！

欲望沒去，幸福不來

依循著「自找的痛苦→去欲→感到幸福」這個邏輯，有位網友告訴我：「比賽後的西瓜之所以好吃，主要是來自成就感、自我實現等等其他的情緒。只有一小部分是辛苦後減欲的效果。如果前面的目標沒有達到，即使整個自討苦吃的過程是自願的，也一樣很難感到開心。例如辛苦唸書半年，考完當天自然會有辛苦後減欲，只要不用再寫測驗卷，坐在沙發上發呆都好的感覺。但是如果一堆粗心失誤，其實反而會懊惱到極點，即使考完不用唸書了，也不會有幸福感。」

我很感謝他的回饋，而針對他提的內容，我的回覆是：如果參加這個比賽是打從心底自願的，若最後因為成績沒達到自我要求、名次不好、沒破 PB 等因素，跑完後的確有可能會開心不起來。但之所以會不開心，是因為心中對成績、名次和 PB 的欲望依舊強烈，強烈到跑步這種自找苦吃的行為已經無法去掉這些欲望。換句話說，欲望之坑還是很大，馬拉松之苦還去不掉，因此跑完後無法感到幸福。

也就是說，如果欲望沒去乾淨，幸福感也不會到來。相對來說，越野或超馬的比賽，成績的比較性沒那麼強，因為賽道不像馬拉松有特定距離，沒有明確標準，就算是同一場越野賽，因天候關係賽道路面的泥濘程度不同，比賽難度和完賽時間也會差很多。加上這種比賽的痛苦又比馬拉松更巨大，它可以把欲望去得比較乾淨，跑完後比較不會去計較成績和名次，相對更容易體驗到幸福感。

關於考試的例子，我想大多數的考試都不是自我 2 願意的，是自

我 1 為了各種目的才會去參加，因此不太能算是打從心底的自願。

　　關於「失誤」，不論是比賽失常或是考試失誤，都還是心中有個目標、有個期待，才會有失常、失誤後的沮喪和挫敗感。在做自己打從心底想做（自我 1 與自我 2 都認同的挑戰）的事，會形成「內在動機」，在內在動機驅動下，因為跑步本身就是目標，已沒有對外的期待，所以心裡比較不會感覺到失敗。

去欲的練習

　　目標也是一種欲望。當你的目標清單愈長，就愈難達到目標，也愈少有幸福的體驗。所以我們最好能先確立目標的優先順序。

　　2017 年，在 Under Armour 品牌的協助下，我們分別在台北和台中主導了兩場為期 12 週的半馬訓練營。開營時我就用下面的七個步驟來引導跑者確認最優先的五項目標，12 週目標半馬完成後，有位學員跑來感謝我不只幫她完成半馬，她在這 12 週內也完成了延宕已久的論文，她很感謝這個跑步訓練營幫她去欲，帶來了很大的改變。

　　1、請在白紙或手機上寫下今年結束前自己最想做的 20 個目標（或想變強、想進步的事）。

2、請大家憑直覺寫出最先想到的目標，不用做太多邏輯思考，不要停筆，一直把腦海中浮現出來想做的事寫下來。

3、寫完確認其中是否有「跑步」相關的目標。

4、接著進行深入思考、反省，從20個目標中圈出5個你在接下來一年當中最優先想做的事，5個就好。接著確認其中一項是跑步。

5、請認真看一遍沒有選的那15件事。

6、接下來一年請盡力避開這15件事，它們只會讓你分心。

7、在練跑期間，盡量把時間花在那5件事上。

成長心態，不保證幸福

心態所對應的英文是Mindset，這個詞應是從Mind與Set合成的新詞彙，所以它是Mind這個詞之下的子概念。前面已經仔細論述過Mind是心智，它最強大的功能是「思想」；而Set的意思是設定，因此Mindset是指透過心智設定目標後所形成的態度。當目標不同時，心態也會不同。

《心態致勝》的作者是史丹福大學教授卡蘿・杜維克（Carol Dweck），長年研究心態這個主題，她發現心態可分為兩種：「定型心

態」（Fixed Mindset）與「成長心態」（Growth Mindset）。

　　「定型心態」的人認為自己因為才能不足，所以失敗，而才智和潛能是天生的，永遠都無法改變。這種心態的人會很害怕挑戰，覺得別人的回饋都是批評，對是在針對自己。所以抱持這種心態的人，很容易原地踏步，不再進步。

　　「成長心態」的人則認為自己的能力取決於努力和態度，認為挑戰可以幫助自己成長，失敗是成長的機會，把別人的批評指教當作是進步的動力來源。這種人因為不害怕挑戰、失敗和批評，所以很少受挫，可以持續努力，而且喜歡嘗試新事物。當做不好時，他們會認為自己「不是學不會」只是「需要多練習」。所以抱持這種心態的人，有著持續的進步動能——內在動機，因此會不斷持續地成長。

　　好的 Mindset 對於成長、勝利與成功有幫助，但成長與成功跟「幸福感」之間並沒有絕對的直接關係。原因在於，「幸福美滿」來自於欲望降低，很容易滿足、很容易感到快樂與幸福，所以「少思寡欲」才是容易感到幸福的「練心」目標。

　　《心態致勝》的副書名是「全新成功心理學」，整本書的目標很明確，即是「致勝」、「成長」與「更高成就」。我個人並不否認這些目標，只是想強調：「成長心態」跟「幸福感」的關係不大，因為我們都知道勝利、成長或成就不一定會讓人感到幸福，有時反而會阻礙幸福。因為勝利之後，會想要挑戰更難的比賽；成長之後會想追求更大的成就。當欲望之坑變多變大，心滿意足的幸福就愈難被體驗到。

剛強意志的訓練路徑

夢想愈大，不就是替自己挖一個又大又深的「欲望之坑」嗎？我們可以把這個特別的坑洞稱為「夢想之坑」。在追求夢想的道路上（填滿這個大深坑的過程中），其他的欲望之坑也會不斷地冒出來，想要吸引你的注意力，分散你的精力。最常見的一種形式就是無處不見的廣告。廣告創造出新的需求，催促你採取行動，把它推薦的產品買回家，在這些產品上花上你寶貴的時間，這些產品可以是Netflix、Disney+上的新影片，也可以是剛上市的新遊戲。

因此，逐夢的道路上，特別需要集中精力，把你的能量之流集中填入「夢想之坑」，才有可能把這個坑填滿。擁有這種自制力與專注力的人，我們會說他的意志特別堅定。

這種堅定的意志，是可以訓練的，方法也不難，跑步就是其中最簡單的一種方式。跑步可以去欲。只要你出門開始跑步，那些無端冒出來的欲望就會開始降低，你的意志也開始變強（提醒：變強是發生在休息的時候），所以很多跑者都曾體驗到跑完步後變得更容易專注。

意志力不是天生的，它跟體力一樣，是可以透過訓練來強化的，所以「心」與「體能」有密切的連結。

強化意志力的循環，可以這樣表示：自找苦吃→無欲→剛強意志。

當我們自找苦吃後，欲望下降（無欲的過程），意志變剛強，你接著又能以更加堅定的意志去忍受更大的辛苦（這是指外人看來是更大的辛苦，但你自己可能感覺還好，並不難受），因為在辛苦中行

動，所以欲望再度下降，意志變得更加堅定，它又能使你去自找更大的痛苦、面對更堅難的挑戰。這是一種意志力訓練的迴圈。

在某些時刻，的確要堅定且強大的意志力來克服夢想道路上的難關。實踐夢想的路上需要剛強的意志，這種意志可以用跑步來訓練。意志力這種精神能量的展現，是具有通用性的，你在跑步練就的意志力，可以展現在事業、人生或家庭中的難關上。所以如果你開始練跑是自己決定的，不是被逼的（最好的情況是自我1和自我2一起決定的），你就可以在練跑與參賽的過程中練就剛強的意志，這對你在實踐人生夢想的路上是很有幫助的。這也是本書「以身練心」的主旨。

胸無大志的人，是否比較容易感受到幸福？

2022年，我創設的專業跑步培訓系統「KFCS」裡的「老翁教練」曾提出一個很棒的問題：胸無大志、渾渾噩噩的人，是否比較容易感受到幸福？

我覺得是這樣的，有一位阿嬤，她沒什麼人生大志，生活很平淡，不過她生活得很幸福，因為她的欲望很少，所以很容易滿足，整天都笑口常開。另一位有著遠大夢想的人，因為夢想太大，追求夢想的過程中很辛苦，不過是自找的，所以這種辛苦可以鍛鍊意志力，可以用更強大的意志力來自找更大的辛苦、面對更大的挑戰，夢想也一步一步實踐中（坑裡的水逐漸上漲）。這樣的人生是辛苦的時間多，幸福的時間少，但是當夢想達成的那一刻，那幸福的質與量將遠大於

「平淡的幸福（小確幸）」。

　　不過話說回來，沒有夢想的人，在現代資訊氾濫、想要引發人各種欲望的時代，是很難像這位阿嬤那樣，可以在平淡生活中感到幸福的。

　　我個人認為：沒有志向的人，心中的欲望特別容易滋長。有夢想的人，目標愈單一、愈強烈（動機愈強），會專注在行動上，其他較小的欲望之坑會愈少。若他還能把夢想這個大目標拆解成小目標來行動，就會時時有滿足感，因為一直在實踐夢想的路上。他的這種滿足感會比阿嬤那種平淡的幸福還來的特別，是一種不同的感受。

　　沒有夢想的人，在生活安逸的情況下，他的心比較容易被各種外來引發的欲望給佔滿。當然吃苦可以去欲，但因為沒有打從心底想要做的事，所以無法做到真正的自找苦吃，所以欲望很容易滋長，欲望一多，生活與行動就會被帶走，失去生而為人的自由意志。

　　所以我認為胸無大志、沒有目標地活著，反而很容易變得不幸，除非能杜絕欲望亂長，才能感受到平淡的幸福。但要杜絕欲望，需要吃苦，想要自找苦吃，就代表這個自找是需要有目標、有夢想的，才能算打從心底的自找。

　　因此，若要拿「有夢想者」與「胸無大志者」兩類人來比較，誰比較容易在現今的社會中感到幸福呢？我覺得是前者居多。

　　老翁教練接著問另一個好問題：填滿一個小欲望洞和填滿一個大欲望洞，後者的幸福感會比較大嗎？

　　這是肯定的，我認為後者所體驗到的成就感會比較大，就像拼樂

高，小盒 vs. 大盒，拼完時的成就感完全不同。雖然在夢想之坑這個大大的欲望之洞填滿前會體驗到許多辛苦、痛苦，不過因為是自找的，所以會具有去欲的效果（追夢的路上會減少其他欲望的滋長），其他坑很少，眼前只有這個大坑，雖然「美滿」的幸福感不會太常出現，但看著坑中的水位慢慢上漲，看著自己朝著目標一步步邁進，就算離填滿還很遠，但心中就這麼一個坑，這是自找的，過程很辛苦，也很有成就感。在追夢的路上也會練就許多技能，實力會增長，能力會提高，這些都是很有成就感的，比其「沒有目標的人」，兩種人生的精彩程度是很不一樣的。

意志力愈強愈好嗎？

　　我們有必要從「意志訓練」的角度，來探討跑步課表的設計。從上面的論述中我們了解到：我們需要意志力來完成夢想，而意志力可以透過跑步課表來訓練。這類課表剛開始需要吃苦，它是「適應痛苦」的邏輯。

　　所以我不反對「適應痛苦」的訓練，但過去大家過度重視跑步訓練當中的吃苦、辛苦與忍耐這些特性，而沒看到「適應輕鬆」的意義與價值。所以本書會特別強調「輕鬆」，但並不反對吃苦。

　　在「意志訓練」課表裡，常見到連續兩天的跑量都很大：兩小時以上的LSD，或8趟1公里的高強度間歇。對於剛開始接觸這類課表的學員來說一定感到非常痛苦。

　　這類課表對初學者來說風險比較高，劑量的拿捏要很小心。對訓練有素的菁英跑者來說，他們的體能、力量都已經練到很高了，很難進步了，所以大量的LSD或很痛苦的高強度間歇對他們的體能、力量與技術來說，幫助已經不大，但這類課表卻可以鍛鍊他們的「心志」，同時也是在建立信心，那是一種透過痛苦（自找的痛苦）打造堅強意志力的過程。我認為這類課表仍有其功效，尤其是對菁英的跑者來說，這種連續操兩天的課表，並不是為了強化身體，而是在強化他們的心志，以及建立比賽的信心。

　　所以，適時吃苦、咬著牙完成一份艱難的訓練課表，也是需要的。

　　適時的「苦練」也很重要，因為比賽總會碰到「惡戰」，如果缺乏苦練的經驗和信心，就會被打敗。例如極端的悶熱和寒冷，比賽時就會相當痛苦，唯有已經適應的人才能維持該有的水準。2018年波士頓馬拉松由日本跑者川內優輝拿下冠軍，當天的氣溫是該場賽事近30年來最低，又因為下雨，體感溫度接近零度，在這種異於往常的寒冷天候下，不少世界級的頂尖選手都失常了，但川內優輝卻正常發揮，在逆境中拿下冠軍。

　　川內優輝在賽後表示：「對我來說，這可能是最好的比賽環境。」極端的氣候是別人眼中的艱困挑戰，卻是他眼中「最好的比賽環境」。想必他在平常的訓練中就已面對過更寒冷的環境，所以當機會來臨，他已準備好奪冠。

　　一位朋友曾問我：「若一位全馬跑者的最佳成績是3小時，也會在練習時，安排『超過』3小時的課表嗎？」

　　我當時回覆他：不少跑者會跑更長的時間。成績是 3 小時的全馬跑者，當然會練跑超過 3 小時；而 10 公里的跑者也會單次練習超過 20 公里。這其實從體能、肌力與技術訓練來講都是不太合理的，但不少教練都會開這樣的課表。過去我以為這些都是沒有效率也沒有意義，但從「心志訓練」這個角度看來，就不一樣了——這種「苦練」不是身體上的訓練，而是意志力上的訓練，但苦練尺度的拿捏（也就是平衡點在哪）就是關鍵了。

　　以我來說，我有時會安排連續 2 天較大量的課表（例如連續 2 天進行 LSD）。我會把它當作是「心志訓練」的課表，用來打造意志力和比賽的信心。若要安排的話，我大都是放在 4 個月的週期化訓練裡，訓練量最大的第 3 週期（也就是第 3 個月）的第 2 或第 3 週，或是第 4 週期的第 2 週。換句話說，在 4 個月的課表中只會安排一到兩次，主要是讓跑者建立信心用的，而且這種比較辛苦的課表一練完，就直接進入減量週。

　　所以在我創建的專業跑步訓練系統「KFCS」裡，我們雖然強調適應輕鬆，仍會安排較為辛苦、需要忍耐的課表。這類課表主要是在磨練跑者的心志，是一種「以身練心」的過程，跟「適應輕鬆」所要達到的身心整合以及兩種意識互相合作的目標比較不一樣。

　　最後，我想要特強調一下，「適應痛苦」是短暫的過程，因為最終的目標是讓兩種自我能和解，讓他們認同同一個目標。到了某一階段，那個「苦」會變成外人看到的部分，當事人內心的「苦」會變淡薄，它還是會練到意志力，只是那個「苦」的成分已經昇華了。昇華

到自我1與自我2「同心」協力，以集中的意志力向同一個目標邁進。外人會覺得很苦：「哇！每個月都練跑上百公里，好辛苦！」但跑者的內在感受到的是「輕鬆感」與「幸福感」。局外人會覺得像是「苦中作樂」，但事實上，跑者內在會產生一種自己無法言說、外人所無法體會到的樂趣與幸福感。

意志力太過強大時可能造成的問題

這邊要特別談一下「意志力太過強大時可能造成的問題」。因為意志力跟體能、力量一樣，並非愈大愈好。

本章一開始就提過，從英文上的字首和字根來看，意志力的英文Willpower是指「意志的爆發力」，也就是心志快速輸出功率的一種概念。意志力很重要，但不能只強調意志力；就像體能很重要，不能只練體能一樣。意志力，並非心志訓練的一切。

已故的身心學老師摩謝·費登奎斯（Moshe Feldenkrais, 1904-1984）在《動中覺察》中的這一段論述，可說明理由：

大多數擁有強烈意志力的人（有許多人是僅為了鍛鍊而鍛鍊意志力），相對來說也是能力（技能）比較貧乏的人。因為懂得如何有效運動的人，行動時是不需太多準備的，也不會大費周章。相反的，擁有強大意志力的人，傾向於使用過多的力氣，而不是較有效率地使用適當的力氣。[10]

　　費登奎斯接著提到：「今日教學系統裡，常強調要不計一切代價去達成特定的目標，但事實上，卻忽略了到底有多少凌亂、缺乏組織且分散的努力在這過程中流失。當用來思考、感覺和控制的器官，沒有組織起來進行協調、連續、流暢、有效率（因此也是愉悅）的動作時，我們就是盲目、無區辨力地把那些根本不必要、甚至對動作造成干擾的身體部位牽扯進來。結果就是，往往我們在進行某種動作的同時，也同樣在進行與之相對抗的動作。只有運用『心智』上的努力，才能讓這些朝向目標的身體部位，去戰勝其他造成干擾與使之挫敗的部位。不幸的是，在這種情形下，意志力可能會掩蓋一件事，就是『我們其實缺乏恰當執行這個動作的能力』。因此正確的方式是，我們要學習去排除那些與目標相對抗的力氣；而只有當『必需如同超人般努力的情況』出現時，我們才去動用意志力[11]。」

　　因此，我建議最好等到超高難度的挑戰／惡戰出現時，才去動用意志力，不要隨意動用它。在一些小的事情上，你可以不斷思考「如何更輕鬆完成呢？」這會使我們學習運用「心智」去找方法，讓我們透過訓練來整合身心。

　　「意志力」只是「心力」中的其中一種能力，並不是全部，還有其他優秀的品質要一起發展。正如同只練爆發力的球類或田徑運動員無法在賽場上取得最佳表現一樣，我們需要的是多方能力的整合。

　　過度強調吃苦，或太過強調意志力的訓練會有問題。當意志力不斷向提升，其他元素沒跟上，就會形成不可化解的衝突，因為強弱差距太大，衝突很容易發生。

　　這種衝突相當難以化解，以下將分三種情況來說明。但在說明之前，我們先要知道身心之間的能量進程是：心智→心志→體能→力量→技術→運動表現。而在「心志」還可以拆分成「顯意識」（自我 1）vs「潛意識」（自我 2）兩塊。這兩種自我各有各的志向和目標，尤其是自我 2 的許多目標是先天內建的，或後天習慣所長期打造出來的，意志力非常強大，很難挑戰。

　　顯意識是自我的意識，它屬於理性的意志；潛意識屬於感性的意志（直白的講，是比較情緒化、不成熟、頑固，但也比較有力量，甚至有魔法，能力較為強大）。

　　我們可以自主動用的意志力，是靠「顯意識」（自我 1）主導，它的權威、氣勢很強時，就好像高壓管教的父母，可以要求自我 1 去執行各種艱難的任務。「潛意識」（自我 2）好比孩童，初期你用意志命令她，她會很聽話，但若讓她每次聽妳的話執行任務時都覺得不舒服、甚至感到痛苦，多次之後，她就會反抗。加上自我 2 的成長潛能很大，反抗心長大後，我們會壓不下來，結果表現出來的形式就是「發懶」或「厭跑」，亦即打從心底不想跑步。當潛意識展開反抗，內在小孩在鬧彆扭（或大象／精靈跟你唱反調時），你是拿他們沒轍的。這也是為何「意志力強大」和「不服輸個性」的人，有時候會發懶好一陣子的原因。

【衝突情況 1】自我 1 和自我 2 的「心志」目標一致

　　此時內在衝突最小，最能發揮自己的實力，因為兩個自我目標一

致，「心志」的能量匯流，自我1會借力使力把能量用在自我2也想要
的地方。一般來說如果是在循序漸進且有週期化安排的體能訓練中所
練就出來的意志力，那「心志」跟「體能」應該都很強，夠平衡。唯
一要擔心的是「心智」（對跑步本身的認識）成熟度不夠，或是力量與
技術沒跟上，那強大的「心志」將凌駕在其他元素之上，造成不可調
和的衝突。

【衝突情況 2 】自我 1 和自我 2 的目標不符

當自我1的意志力太強，而自我2沒跟上，或不認同自我1的目
標，此時會產生明顯的內在衝突。例如自我1有強烈的意志要跑台灣
一圈，努力鞭策自己訓練，以達到這個目標。這有點像騎士用馬鞭
鞭打跨下的馬兒，馬兒的痛苦可想而知。情況久了，馬兒的難過、
悲傷、自憐、受傷、害怕（恐懼）、緊張、不安、委屈、羞辱、不
甘……很容易暴發成憤怒。生氣與憤怒的馬兒，是騎士用馬鞭也指揮
不了的。

【衝突情況 3 】自我 2 的意志太強，自我 1 已無力對抗

這就是之前提到的「頑固」，使得理性屈服。頑固的表形方式有
兩種，第一是「厭跑」或「發懶」，使不想跑步的心情遠遠大於你要
出門練跑的命令；第二種是意識型態的僵化，當同一個動作、同一種
思維、同一套邏輯運行太久之後，就會在潛意識底自動運轉，成型後
看起來很棒，變成連想都不用想就會自動執行。

　　但缺點是，這套邏輯逐漸會變得像大象一樣笨重，很不理性，開始聽不進去騎象人，也就是顯意識的話，這套邏輯的運行力量大到不可挑戰（變成了意識型態），若有人敢挑戰它，它就會非常情緒化（不理性，儘管當事人說自己很理性）。此時騎象人的理性是無法指揮大象的，只能順從大象，幫牠說話，進而安撫牠。理性的功能變成努力思索安撫的話語，而非思辯事實的真象。

　　這即是上述談到「意志力強大」和「不服輸個性」的人，有時候會發懶好一陣子的原因，因為自我2被操到太過強大，我們拿自我2沒轍了。自我1若一直以「上對下」的權威方式來命令、操控自我2，很容易就演變成這種情況。

　　我創設的KFCS訓練框架中的訓練重點之一，即是調和這兩個自我的意志。這兩種自我就好比是騎象人與大象，或媽媽與女兒，或阿拉丁與精靈、馴馬師與野馬，各有各的意志，大象會變強壯、女兒會長大，若兩種意志同步，就能在跑步這項運動中發揮出更大的潛能，但若兩者間時常有衝突，那潛能就會被限制，因為在「心」那一層就發生衝突了[12]。

　　所以「意志力愈強愈好嗎」這個問題，我的答案是否定的，我們需要強化意志力沒錯，但也要顧及兩種自我的意志力是否平衡。其中一種自我的意志力過於強大時，衝突就不可避免了。

　　我們需要意志力，在某些該用的時刻就盡量用，但平常應能省則省，盡量少用。

意志力與熱情

跑步，需要有一定的熱情，才能持之以恆地堅持下去。熱情好比汽車裡的燃料，可以讓我們在路上奔馳，享受風景和速度的快感，但若沒有注意燃料的消耗，只是一味地加速、超車、追逐目標，那麼很快就會把燃料燒光，無法再前進。此時，跑步也將會變得無趣、失去意義。

許多人剛開始跑步時，都有很高的熱情和動力，想要挑戰自己的極限，提高自己的成績。他們會設定各種目標，跑更快、跑更遠、跑更多。他們會覺得訓練愈辛苦愈好，只要能忍受痛苦，就能得到回報。他們會把忍受痛苦當作常態，覺得這是跑步的必經之路。但他們沒有意識到，這樣的訓練方式其實是在消耗他們的熱情。他們會漸漸失去跑步的樂趣，覺得跑步是一種負擔和壓力。他們會開始覺得累、煩、無聊、沮喪。他們會開始找各種理由不去跑步，或者勉強自己去跑步，但已沒有了動力和信心。最後，他們可能就會放棄跑步，或者只是偶爾跑一下，沒有了持續性和穩定性。

那麼，如何保持跑步的熱情呢？我們不能把忍耐痛苦當作常態。這樣做，只會讓我們的熱情消耗得更快，就像汽車裡的燃料被過度使用，很快就會用光。我們要學會調節自己的訓練強度、頻率和時間，找到一個適合自己的節奏和平衡點，大多數的訓練都應該在「舒適圈」的內圈或外圍進行，當然可以偶而跨出舒適圈去體驗一下痛苦的滋味，但只要嚐一下就好，最好不要每天都吃苦。

我們要給自己設定合理的目標和期望，不要過於苛求自己，也不要過於放鬆自己。我們要享受跑步的過程，而不是只看重跑步的結果。

跑步的熱情不是一成不變的，它會隨著我們的心境、環境和體能而變化。我們要學會聽從自己的身體和心靈，調整自己的態度和方法。我們要用愛和尊重來對待自己，適時給自己「加油」，而不是用強迫和壓力。這樣，我們才能保持跑步的熱情，就像汽車裡的燃料，永遠不會枯竭。

有時行動力的能量來自「意志力」，此時跑者就算完全沒有熱情，也可以跑下去，但我認為這無法持久。想要有持久的行動力，需要有熱情。

意志力是能量，熱情也是能量。兩者的差別是：意志力的多寡沒有太多外在條件，只要你想幹，而且意志力充沛，硬著頭皮往前衝，就能不斷輸出，而且我們還能透過不斷輸出意志力來強化它。但熱情就不同了，它的多寡有一個重要的前提條件：興趣。如果你對一件事情的興趣不見了，熱情也會消失，這時就算你停下來加油，加油站裡的燃料也沒了。

「興趣」這個詞可以拆成「興味」與「趣味」。興趣的「興」，若用注音符號標示出來是四聲。而它另一種唸法是一聲，變成動詞，代表創造一種內在的新連結。以跑步來說，我們遇過很多跑者說在訓練時會「興發」許多工作上的創意，或是比完賽後興起感動的情緒。興發感動，是一種內在新連結的創造過程。它是在跑者內在產生的，無關乎外在的變化。

　　興趣的「趣」，則指發現新刺激、新觀點、新差異的時候，所湧升的一種美好情緒。趣味，大都要透過外在的視覺與刺激而得，所以說物外給趣。但這個「物」也可以是自己的身體，當你能夠分辨動作的細微差異時，一定會帶來樂趣，另外也有可能來自其他跑者，或周圍景緻的變化。它是跑者從外物所獲得的。

　　不論是從內部連結所產生的興發感動，還是透過外物獲得的樂趣，都需要有細膩的知覺來分辨內／外的差異性。覺察差異性的能力愈強，興味與趣味會愈濃，熱情也才得以持續添加。

【第 5 章】

知覺：心與技術

接下來我們要談「知覺」（Perception）這個概念，認識它之後，你將了解到為何心與技術之間有如此密切的關係。

關於技巧的教學，最多人提起與使用的方法就是「模仿優秀選手的動作」。但我後來發現，去模仿一個超越自己能力的動作，反而會造成心理和生理的衝突，讓學習進程受阻。

「知覺」是技術進步的關鍵概念，知覺變敏銳，技術才能再往上提升。而「知覺」裡頭有三個元素，分別是：

一、感覺（Sensation）：接受與過濾資訊（Information）
二、感受（Feeling）：關係的狀態（State of Relationship）
三、概念（Concept）：認知與學習（Learning）

想要開發出敏銳的知覺，需要有細膩的感覺、正向的感受／情緒，並且要學習跟該技術相關的概念。接下來我們就分別探討知覺的這三個元素。

元素一：感覺

「感覺」是我們運動當下從外部獲取資訊的來源。以球類運動如桌球與棒球而言，很強調視覺，需要在極短的時間內判斷球的方位並立即做出決定，這需要專注當下才能做出正確的判斷。

感覺到的資訊很多，需要正確的判斷與修正。

以跑步技術來說，我們要知道腳掌落在哪裡：是身體前方或接近身體下方？落地時膝蓋彎曲幅度為何？你要能從落地的感覺分辨出來腳掌落地時膝蓋是否太直，或過度彎曲，以及腳掌騰空後拉起的高度、擺盪的位置：是否大都在臀部下方進行，還是在後方呢？這些都是「感覺」細膩度的訓練。

還有一種特殊的感覺名為「本體感覺」（proprioception），它是一種倚賴人體五官（視覺、聽覺、嗅覺、味覺與觸覺）的一種先天的能力。它無涉於「感受」與「概念」的學習。例如某位小朋友生來就有極佳的音感，可以把聽到的歌曲以極佳的音準唱出來，或是把聽過的鋼琴歌曲絲毫不差地再演奏一遍。但這種先天音感極佳的孩子，若沒有在音樂的訓練中感覺到快樂，也從來沒有人去教他讀譜與樂理的話，只靠不斷訓練「本體感覺」來提升他鋼琴演奏的功力，那他的才能就會被鎖在一定的範圍內。

以跑步來說，一位有天分的跑者，他的本體感覺一定要相當敏銳。這種人我們會說他具有先天的「跑感」，可以很輕易的加速，先

天就知道該怎麼跑可以跑更快；不用特別練，每次跑步的落地點都很接近重心下方，也可以自然地掌握到何時該拉起腳掌，時間點恰到好處，力道也拿捏地剛剛好。尤其是有天份的跑者，先天就有獵豹的敏銳度，雙腳可以做出非常高頻率的動作，這些動作跟身體裡組織的力學性質與化學組織有關，大都是天生的。

這不就又回到先天決定論了嗎？那些跑得快的跑者，全都是有天份的跑者。我們要了解，某些有天份的跑者，如果沒有教練引導，雖然他們會因為天份跑出好成績，也會進步，但進步到某個門檻之後，就進步不了，或甚至開始退步。

為什麼會這樣呢？原因很簡單，因為本體感覺好的跑者常憑「感覺」來跑，也會運用天生的本體感覺來進步，可是他不知道過去做對了什麼才帶來進步。等到天生的才能用盡之後，他將不知道該怎麼持續進步。如果誤以為只要 LSD 跑很多，或開始做重訓，或是 400 間歇跑了很多趟就會進步……因為沒有教練引導，也沒有學習過跑步訓練的相關知識，只能猜測訓練的方向，而且很高的概率會猜錯，跑去練習他目前並不欠缺的能力，最後的結果就是無法進步，甚至可能練到受傷。因為在心智→心志→體能→力量→技術的框架中，當你的「心志」或「體能」或「力量」某一個能力太強大時，就會跟其他相鄰的元素形成巨大衝突，傷害就很可能發生。

以跑者來說，最容易發生的兩種情況是：1）心志太強大了，在體力與技術無法跟上的情況下，用意志力硬去跑完一場全馬，跑傷的機率就會非常高。或是 2）體能練到太好了，但跑姿很差，那就像是給

一位剛拿到駕照的年輕小夥子一輛馬力最強大的法拉利一樣，很容易發生意外。

一位有天份的跑者，也就是具有極佳「本體感覺」的跑者，想要再進步，就要再進一步學習，或是讓專業的教練來帶領，幫他找出停滯的問題，再對症下藥，針對性地來訓練。而有能力找出停止進步的問題點，以及知道「該練什麼？何時練？練多少？」等問題的人，一定要學習，要有邏輯、要會分析，那就是「心智」的功能了。這位跑者若能有一位他所信任的教練在旁協助，幫助他去更認識跑步，則能夠開發出更敏銳的「知覺」。所以說，知覺的元素之一是感覺，感覺是人天生就有的，而「本體感覺」是一種先天的能力，我們無法改變太多，但「知覺」可以，它是人類獨有的，因為它需要「心智」中的理性來學習。

元素二：感受（Feeling）

「感覺」跟「感受」不同。兩個中文詞彙很接近，但意思不一樣。我們用英文來看：「感覺」是 Sensation，意指眼、耳、鼻、舌、身所帶來的視覺、聽覺、嗅覺、味覺、觸覺這五感，同一種「感覺」會帶給當事人相當不同的、甚至相反的「感受」。

比如說在捷運上忽然有人拍你的肩膀，若是一位你很喜愛的朋友偶遇你跟你打招呼，你的「感受」會很好，興起許多美好的情緒；但如果是一位穿著邋邋遢遢的陌生人，沒戴口罩又邊咳嗽邊拍你肩膀，

你的「感受」應該會非常糟。所以同樣是拍肩膀的「感覺」（假設力道相同，是打招呼式的拍肩），卻會產生相當不同的「感受」，就是這個意思。

「感受」不只是情緒，也是一種關係的狀態

　　這裡要談感受，是因為教師與學生之間首先要建立良好的關係，如果關係不好（感受不好），信任的關係沒有建立起來，不管概念、理論或訓練法再好、再科學都沒有用。除了教練與跑者之間的關係，還有跑者與跑步之間的關係。如果有人說他愛跑步，卻一直在受苦，一直在忍受疼痛，這種愛並不是真愛，所以也不會是一段好的關係。教練必須有能力讓跑者跟跑步之間建立健康、幸福且一起成長與進步的關係。

　　我們希望每次訓練過程與收尾都是正向的情緒。尤其是收尾，所以我們強調「見好就收」的訓練原則。不要總是以痛苦、精疲力盡的感覺結束訓練，那連結的情緒通常是負面的，這會阻礙技術知覺的發展。

　　第一章說過，我在跑步課程前常會先問大家兩個題目，第一個問題是：「喜歡跑步嗎？」若喜歡跑步的請他們舉手，並紀錄下舉手的人數。接著我會問第二個問題是：「關於『跑步』，你會想到什麼？」請他們在一到兩分鐘內快速寫下腦中浮現的詞彙，且以直覺、不要思考太多的方式快速寫下來，這是一個非常有趣的過程。

　　有一次臺北鐵人扶輪社寫出的114個詞彙中，其中明顯的正向

詞彙有17個，約佔總詞彙數的15%。明顯的負向詞彙有27個，約佔23.6%。與其他社團相比，臺北鐵人扶輪社算是正向詞彙比例最高的。因此，臺北鐵人扶輪社是一個相對來說，打從心底比較喜歡跑步（耐力運動）的群體，也就是心口不一程度最低的。

更常見的是：很多人舉手說很喜歡跑步、很喜歡參加路跑賽，但一統計下來，他們很快寫出來的詞彙中，負面詞彙高達50%，正面只有不到10%，這代表他們的「顯意識」認為自己很喜歡跑步，但「潛意識」卻有很多負面的聲音跑出來抗議，因此負面情緒就會隨之而起。

這兩種意識之間的衝突，就像是我們和家人吵架，若偶而吵一下就和解了，家和萬事興，家人的心智、事業和專業才發展得起來。如果天天吵、愈吵愈兇，或是爸爸用權威向小孩說要照我的意思做，口頭雖說「我很愛你們」，小孩卻有滿腹的負面情緒悶在心裡頭，孩子想到爸爸的都是負面詞彙。小朋友還小時會被迫屈服，久了一定會出問題。因為小孩會長大，而且小孩的潛力無窮，他長大後精神力之強大可是大部分長輩對抗不了的。「潛意識」就像小孩，它有無限的潛能，也很情緒化，它小時候我的「顯意識」可以用權威（意志）逼它就範；逼它就範的同時，我的權威（意志力）也跟著愈發強大，小朋友嚇得半死（潛意識心生恐懼），當然有效。但小孩愈長愈大，它的意志也會愈來愈強，當孩子長大後，他／她叛逆、反抗父母的意志變得如此強大，其實也是這位父親訓練出來的（用驚威並施的方式鞭策出來的）。

當顯意識和潛意識衝突時，負面情緒隨之而生；當我們帶著負面

情緒去練跑時，衝突也會更容易發生。兩者互為因果。但不論是何種情況，感受／情緒不好時，技術知覺的開發就會受阻。

　　上述的論述跟跑步訓練有什麼關係？簡單來說，不論是在練習哪一種距離的賽事，大部分課表的目標都應該是：透過課表與動作的設計，使跑者在相同的速度下「感覺」變輕快。道理很簡單，跑者的體能與力量有限，技術知覺的開發是無止盡的。當我們在大部分的訓練中能「感覺」到輕快，才會在「感受」中體驗到愉快的情緒。當感覺與感受變好了，技術知覺才開發得出來，進步才會持續發生。

元素三：概念（Concept）

　　還記得我們在第二章談「心智」時說過，它的功能中有：觀察／感覺→思想→見解→理論→概念。「概念」的形塑是從觀察開始，有了「見解」（idea）之後慢慢向下匯集成理論，接著各種類似的見解也會逐漸濃縮成單一的「概念」。「概念」就是一個詞，像跑步訓練中的體能、力量、彈力、落下、技術、跑姿等詞彙都是意義深遠的概念。有了概念才能建立「標準」（Standard），有了標準才能進行教學。

觀察／感覺→思想→見解→理論→概念→標準→教學活動

　　我們談回到「知覺」的英文字是perception，它的字根是「連結」的意思。學習是一種建立系統性連結的過程；「概念」的英文字是

concept，與「知覺」同有一個字根 -cept，而字首 con- 有著「把它給固化起來」的意思。所以概念 concept 一詞是一種把已知的其他概念或理論與未知的概念進行連結，逐漸固化成另一個詞彙。

我們可以把一個詞彙想像成各種形狀不一的圈圈，這些圈圈有成千上萬種，每個圈圈都不一樣，這些不同的圈圈就是不同的字詞，也就是不同的概念。

現在有兩個一模一樣的圈圈，但圈圈裡頭的東西不一樣。這代表什麼意思呢？代表的意思是兩個詞是一樣的，它所指涉的東西也是一樣的，但內容不同。再舉一個在第二章談過的例子，同樣是「咖啡杯」這個詞，爸爸跟小男孩都會講「咖啡杯」，認知所指涉的是同一個長得像咖啡杯的那個物體。所以兩者所認知到的圈圈是一樣的。不過爸爸認為咖啡杯是個好東西（情緒是正向的），可以裝好喝的熱咖啡，也可以裝冰涼的冷飲；但小男孩認為咖啡杯是個會讓人痛痛、很不舒服的壞東西（情緒是負面的）。

說明到這邊，大家應該可以理解圈圈相同，但圈裡的內容不同是什麼意思了。同樣是「跑步」這個詞，但每個人聽到「跑步」所想到的知識、所帶出的情緒反應，所勾起的回憶都是不一樣的。

尤其在學習知識性的「概念」是，同一個詞彙裡頭所興起的「感覺」，所帶出的「思想」與「見解」，你在裡頭所聯想到的「結論」，都會影響跑步技術知覺開發的成果。

從上述的說明我們也能了解，好的老師不會直接把新的概念塞給學生，而是有技巧地幫助學生把老師想傳達的新知識，跟學生已知的

知識進行正確的連結。若連結錯誤，也就是在圈圈裡裝了錯誤的內容，這種錯誤的連結將造成往後偏差的訓練需求，也會練錯方向（偏差的行動）。

　　「概念」對「知覺」的開發而言非常重要，它也是人類異於其他動物最重要的差異。我們前面提過，熱情的本質是興趣，而維持興趣需要細膩的知覺，知覺的核心元素之一是概念。概念需要學習。簡單來說：一位跑者須對跑步具有正確的認識，或是有老師引導學習，充份認識跑步，才能分辨微小的差異（細膩的知覺），也才能從他人覺得枯躁乏味的跑步動作中發現興味與趣味。熱情就在其中，內在動機由此而來。根本在於學習概念。

　　學習有助於熱情（或內在動機）的增長：也就是說，當你愈能充份認識跑步，對跑步理解愈深，你對跑步的熱情也會愈加豐沛，你將產生源源不絕的內在能量（心力能穩定保持在充沛狀態）。

「知覺」與「本體感覺」的差異

　　「知覺」與「本體感覺」這兩個字都是從英文來的，所以要從它的原文來分析差異。本體感覺的原文是proprioception；知覺的原文是perception。它們擁有同一個字根：-ception，這個字根是「連結」的

意思，類似的字彙還有：

- conception：設想、構想、概念的形成，即「構成連結」的意思。
- deception：欺騙，即「故意造成錯誤連結」的意思
- interception：竊聽、截球，即「中途斷除連結」的意思
- inception：初始、植入，這個字也是李奧那多主演的電影《全面啟動》英文片名。該片提到了夢境植入，亦即刻意「把某種連結植入」某人腦袋裡的意思。

「本體感覺」這個英文單字的字首是proprio-，它是one's own的意思，意指「本體自己所有」。所以本體感覺是指：身體自己本來就具有的感覺。

「知覺」這個字的字首是per-，它是through與throughout的意思，意指遍布、貫穿、從頭到尾，所以「知覺」是一個更大的概念，它貫穿內外所有的連結，從內在的感覺、感受，到外部的環境、外部的力量（外力）與學來的概念、知識全部連結成一個整體。

相對於「外力」來說，像肌肉的張力、關節的壓力、身體的緊繃程度這些「內力」的分辨能力則屬於「本體感覺」的功能。

把「外力」連結到自身且能分出細微差異的能力，則屬「知覺」開發的範疇。比方說，有兩杯水擺在面前，一杯溫、一杯熱，但兩杯水的水溫差異很小，實驗者要我把左手放在溫水中、右手放在熱水

中，我感覺不出差異來。但你可以感覺到兩水溫度不一樣，這代表我對溫度的本體感覺比較差，而你比我好。但若另一個人不但能感覺到不同，還能說出左邊杯中的水溫攝氏幾度、右邊杯中的水溫攝氏幾度，能精準地說出度數，是一種敏銳的「知覺」。因為他要先學習過「攝氏」的概念，還要能把不同度數的「感覺」跟「數字」產生精確的連結（還不能連結到華氏的數字去），這不只需要學習，一定還需要反覆的練習一段時間，連結才不致於失誤。

　　有些跑者也有著這種精準的「知覺」。某些菁英跑者，可以在繞著四百公尺操場練跑或比賽時，精準地掌握自己每一圈是跑幾秒，完全不用靠手錶。

　　所以，「感覺」其實就包括本體感覺，而「知覺」是一個比本體感覺更為高層的概念，裡頭就有本體感覺這項訓練的需求。像是平衡感就是一種本體感覺，是可訓練的，但有些特別有天份的人，平衡感會出奇的好，像是一些可以走高空鋼索的特技表演人員。

　　「本體感覺」與「知覺」這兩個詞，都是一種控制動作與分辨運動時細微差異變化的能力，比如說腳掌在哪裡、手掌在哪裡、身體有沒有保持穩定等等，這種感知能力都是一種本體感覺。本體感覺優越的運動員，可以透過感覺神經系統時時在監控著肌肉收縮的強度與狀態，分辨用力的強弱。

　　然而，「知覺」除了內在感覺與感受外，還要更進一步向外延伸到我們向外學習到的知識與概念，以及外部的「力量」和「現象」（最重要的外部力量是指「體重變化量」，最重要的外部的現象是「失

重」）。

學習概念是人類獨有的能力，所以只有人類可以開發知覺，但動物和人都可以訓練本體感覺。許多動物的本體感覺天生比人類還要敏銳，但只有人類可以開發「知覺」的敏銳度，因為人類可以累積知識，學習概念。

我常跟我所培訓的教練們說：「訓練」這個動詞後面的受詞除了人類，也可以是狗、海豚、大象等，但只有人類才能接受「教育」，我們做的是「跑步教育」的工作，而非只是訓練，訓練只是教育的一部分。

從《香水》來理解「知覺」與「本體感覺」

小說中的主角天生就有異於常人的嗅覺，能分辨細微的味道差異，但他從來沒有學過這些味道的「名稱」（也就是概念），也不知道如何「採集」這些味道。

後來他為了把一些特殊的香味搜集起來，去找師傅學習，開始學會各種香料的名稱，也學到了保存香味與製作香水的方法。這讓他天生的嗅覺才能，開展出更大的潛能，他可以做的事情更多了、更大了，甚至大到可以成為全世界的王。

　　他所製作出來的香水，只要灑一滴在身上，全世界的人都會愛上他，都會聽他指揮，有了這種能力，就等於有了控制世界的力量。

　　若沒有經過學習（尤其是學習各種味道與香料的名稱），是不可能達到這種成就的。

　　雖然這只是小說家杜撰的故事，但所呈現的道理是一樣的：一位天賦異稟的音樂神童，如果從來沒有學過讀譜與樂理，他在音樂上的造詣必然會受到限制；一位最大攝氧量達到世界最頂尖的跑者也是一樣，如果從來沒有人教他、帶他訓練，也沒有接觸過跑步訓練的任何相關知識，他絕對不可能打破任何一項世界紀錄。

知覺，是一種分辨細微差異的能力

　　許多跑者剛開始訓練時知覺很鈍，直到看了影片之後才知道自己跨步跑或腳跟先著地。主因是跑鞋隔絕了腳掌的「感覺」，進而影響「知覺」的判斷。若訓練的過程中無法透過引導式的專注訓練來修正，我會要求他們脫掉鞋子。剛脫掉鞋後，跑者會被迫「更加專心」在腳掌的感受，這是一種濾掉其他雜訊以專心在正確跑姿上的手段。請跑者以赤腳進行訓練是最終的解決方式，這樣很快就會分出前腳掌和腳

跟的差異，以及跨步跑有多麼不舒服。

「知覺」的本質是什麼呢？它的本質是由感覺、感受與概念構成的。但這還是很抽象，還是不容易理解。此時我們可以問問：「知覺的功用是什麼？」

它的功用是「辨識細微的差別」。舉例來說，厲害的品酒師透過味覺，可以分辨出紅酒的年份、葡萄產地、季節，甚至能分辨釀造的木桶材質。要達到這種地步，當然要有敏銳的味覺，但只有味覺是不夠的，品酒師還必須學習各種知識（各種明確的概念），讓這些知識（與概念）之間產生密切的連結，最終再把這些概念跟味覺連結。這種學習與進步的過程就是知覺的開發。這種開發是無止盡的。

提升跑步的技術，就是一種開發跑步知覺的過程。什麼樣的知覺呢？它是一位跑者對於體重、落下角度（失重幅度）、腳掌上拉幅度、步頻、步幅等概念的認識程度，這種認識程度加上對於跑步的正向情緒以及本體感覺發展，所交織而成的能力，這種能力使跑者能夠「分辨跑步時各種非常細微的差異」。

這種分辨差異的能力（敏銳的知覺），不只是進步的關鍵，也正是跑步趣味之所在。正因為跑步的樂趣來自於跑者來分辨細微的的差異性（若覺得跑步只是千篇一律的兩腳不斷交換的運動，一定會覺得跑步無聊透頂），一位跑者若能分辨自己在跑步時的細微變化，樂趣將變得更為豐富。

以追求無傷的跑者來說，必須要透過「知覺」來分辨以哪種姿勢支撐自己的體重；以追求速度的跑者來說，必須要透過「知覺」來分

辨腳掌觸地時間的長短，以及身體向前失重的速度與幅度。

練跑也是如此，不能只靠天份，要另外學習拆解跑步技術中的根本元素，才知何為持續的精進之道。前面提過，有天份卻沒教練指導的跑者，只能靠天份進步到一定的階段，因為他不知道他過去「做對了什麼」，所以無法繼續「對」下去。這是跑步技術需要學習、知覺開發需要概念與知識的另一例證。

跑步技術的訓練與教學活動，必須不斷在「感覺、感受、概念、知覺」之間流轉。其中「知覺」是最高層的，感覺、概念與感受都在知覺之下。這四個概念之間的階層關係有兩個方向：

路徑一：感覺→感受→知覺；

路徑二：感覺→概念→知覺；

不管是哪一個方向，階層都沒變，「感覺」在底層，「知覺」在高層。如下一頁的圖6。

在發展新技術的過程中，若知覺開發不順利，就要退回「概念層」。若還是沒有作用，就要再度退回「感受層」或最底下的「感覺層」去。例如有些人感覺很細緻，那就可以先在「感覺層」努力，等碰到阻礙了再去「概念層」多下功夫；有些人是太習慣苦練了，就需要先從內心引導，課表的量要小，強度不要太高，讓他先能在訓練中有享受、舒服的正向情緒；有些人是概念層卡住了，例如習慣用力向後蹬地加速，他不理解「不蹬地怎麼加速啊」，這就需要運用教練的智慧引導他學習失重加速的方式，先把概念打通，知覺才能開發出來。（針對這個推蹬的例子，我常用的做法是讓跑者刻意更用力蹬地

圖6　知覺三元素

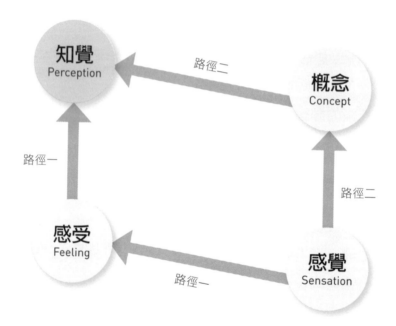

知覺開發的三個元素：感覺、感受與概念

衝刺30公尺，停頓一下讓跑者記住那樣跑的感覺與感受，再改成失重
加速衝刺30公尺、停頓，讓跑者回憶感覺與感受。要讓跑者能在第二
種跑法中有比較輕快的「感覺」與比較愉快的「感受」，那這個概念
就容易進入到跑者的心中。）

　　知覺的開發沒有盡頭，換句話說，不像體力有其侷限，技術的進
步是沒有上限的。

極限，是人心想像出來的

認真的跑者會花好幾個月準備比賽，擬定比賽策略，用盡全力挑戰自己的最佳紀錄。在這種目標賽事中，體能、肌力、知覺與意志力都會被逼到極限，因此身體會不斷傳遞「危險」的訊息給大腦。雖然我們可以動用意志力來要求自己要跑多用力，但超過身心的負荷時，潛意識會解釋成生命受到威脅，「停止運動」的訊號就會被發出。這時，大腦第一個接收到的反應並不是害怕的感覺，而是生理上的各種痛苦感受。但為了進步，我們的意志依然下達繼續向前跑或維持配速的指令，潛意識同時也持續發出相反的保命訊號，要你放慢或停下來，這些訊號是像肌肉僵硬和疼痛、心臟狂跳、呼吸困難等各種死亡的暗示。這些從潛意識傳給身體的訊號既清晰又強而有力。

此時身體的處境其實並沒有立即的生命危險，它只是受到潛意識的影響。你的潛意識只是為了確保身體安全運作才會發出這些暗示，但是這種非自願的訊息會在意識中留下印記，經過一段時間後逐漸變成意識的一種偏限。這也是為什麼從 1923 到 1954 年間，長達 32 年的時間裡，1 英里的成績一直卡在 4 分 01 秒到 4 分 10 秒之間。因為過往的極限都已被烙印在心中，而這個「4 分 1 英里」的極限是當時全世界的意識一起烙印上去的，這使當時的 4 英里成績只能年復一年在相同的成績上徘徊。

等到英國跑者班尼斯特（Roger Bannister）第一個跑進 4 分鐘後（時間是 3 分 59 秒 4），閘門打開了，洪水開始湧現。原本過去認為不

可能有人做到的事，現在已有超過兩千名以上的跑者可以在4分鐘內跑完1英里。當今的世界紀錄也推進到了3分43秒13，比70年前班尼斯特打破障礙時的3分59秒4快了16秒。當今的1英里賽，如果只跑3分59秒的話，連決賽都進不了！

極限，是人心所想像出來的。原本存在的障礙只是幻覺。無法進步的原因很少是體能發生問題，幾乎全都是因為心理上的限制，而心理上的限制又跟知覺開發與技術訓練有關。我們的體能與意識有其極限，但觀念、想法、知覺與潛意識則沒有。它們都會不斷進步，就像一山還有一山高，每一個高原都是下一個新發現的起點。每到達一個新的境界，我們都會對真理與自己有新的認識，這個過程都在反映古希臘的這句人生哲言：認識你自己（Know Thyself.）。

在人類的歷史中，「追求完美」一直跟「認識自己」一樣是既重要又具挑戰性的課題。跑步這種場地與裝備限制最少的運動，提供了我們一個追求完美與認識自己的平台，在這個平台上，我們能不斷向自己證明「極限，可以不斷被擴大」。

解鈴還需繫鈴人。極限是人心所想像出來的，所以必須由人心來跨越，唯有當我們的心跨越了原本所感知的界線，身體很快地，就會跟上心所發現的新境界。

間歇訓練不只練體能，也是練心與技術

有個學員問過我一個問題：「全馬成績未達三個半小時的跑者，

不需要練間歇，這種說法對嗎？」

　　我當時回覆他，以我的訓練觀念來說，這種說法並不存在。因為「間歇」的概念可以廣泛應用，但不直接等同於高強度訓練，而是一種透過休息（歇），來反覆適應某種本來「不適應」的過程，進而讓身心都逐步接受，慢慢適應輕鬆（變輕鬆）。高強度訓練只是間歇訓練的其中一種。

　　間歇訓練這個概念是指：中間會休息的反覆訓練方式。我和我訓練出來的教練，若訓練入門跑者（有些是完全沒有跑步經驗者），在第一週也會讓學員「練間歇」。課表是：{跑1分鐘（心率一區）＋走1分鐘}×10。

　　過去之所以會有「全馬成績未達三個半小時的跑者，不需要練間歇」這種說法，是因為有許多跑者把「間歇訓練」等同於「高強度間歇／練速度的間歇」。但如果從「間歇訓練」的本質來看，它不單指高強度的反覆訓練。以「間歇」方式進行訓練，主要的目的是透過休息來維持每一趟的訓練品質。

　　「全馬成績未達3小時30分的跑者，不需要練高強度間歇」這句話，有一定的道理，但也有一些問題。先說合理的部分：全馬能跑到3小時30分，代表體能、力量和技術達到一定的程度，所以練有速度的間歇比較不容易受傷。但是如果有些跑者體能方面的天份比較好（例如有的跑者練不到半年，全馬就跑進3小時半），代表他們的能量代謝系統進步很快，但若力量、技術、長跑的心態與心理素質未跟上，那此時練高強度間歇的受傷風險一樣會很高。

　　過去還有訓練營的學員問我：「你提供的間歇課表強度不高，又強調以輕鬆為主，最後幾週還不能加速！但我以往的觀念裡，間歇跑不是都以提升最大攝氧量為目的嗎？萬一最後幾週狀況極好，還必須壓速度跑的話，心率區間無法觸及到4區或5區，會不會沒練到？」

　　所以我喜歡比喻，訓練是在花時間「打磨」自己——不只是身體，還包括心、精神、意志和顯意識等看不到的部分。打磨的過程要懂得停下來，如果肌肉變緊跑姿變僵了，不能急著把課表跑完，要及時停下來，等它恢復後再用新的狀態來跑，技術知覺才有機會提升。

　　正如同許多劇本或導演拍出的大師級作品，是花了好幾年「打磨」出來的。把自己當作藝術品的話，就需要時間打磨它。但大部分的跑者都太急了、太粗糙地把課表跑完，倉促把量加上去。

　　有很大一部分的跑者把「間歇訓練」等同於高強度訓練，要不然就是以為2到3分鐘的間歇、800公尺左右的間歇都是在練最大攝氧量，於是一定要全力以赴的跑。

　　其實並不是這樣的，「間歇訓練」顧名思義指的是中間會有「歇息／休息」的訓練方式，方法很單純，但目的有很多，可以是練最大攝氧量（體能上限值的提升），也可以為了提高力量、乳酸閾值，也可以為了提高技術（知覺）。

　　我認為間歇訓練最主要的目的是為了要提高速度技術的知覺。有時我也會開最大攝氧量的課表給跑者，要看情況而定。若要練最大攝氧量，勢必要拉高強度到4區甚至5區才有效果。但我所規劃的大部分訓練計畫裡，間歇課表的目的並非如此。

　　那麼，以「開發知覺」為目標的間歇訓練，背後的機制究竟為何？該注意的地方有哪些？

　　速度知覺跟「失重」有著密不可分的關係。下面試以高臺跳水與乘坐雲霄飛車的例子來說明。

坐一百次雲霄飛車

　　我看待間歇訓練的目的，是為了提高大家速度的技術知覺，讓跑者的身心能更適應某種速度下的「失重」幅度——這裡不容易用文字把「失重」的概念說清楚，我用一個比喻來說：

　　一位跳水選手從10公尺的跳板落下的時間是1.43秒，這個標準是統一的，每個人都一樣，他可以在這不到一秒半的時間裡，做出各種表演動作。

　　但一般人在這種「失重」狀態下，要不是嚇得半死，要不然就是心臟狂跳肌肉緊繃，什麼都沒感覺到就撞向水面了。可是跳水選手卻可以在這種「失重」狀態下完成極複雜的動作，那需要身心放鬆才辦得到。對他們來說，1.43秒彷彿拉長了……

　　對短跑選手來說，每一次支撐期的觸地時間（80毫秒內）也彷彿拉長了，他們可以在那短短支撐後期（40毫秒內的時間），讓體重「及時」向前轉移到20度以上。就像跳水選手在失重狀態下可以「及時」做出轉體三周半一樣，這是一種技術。

　　這種技術，需要「力量」，也需要「放鬆」。「技術」跟「放鬆」之間有著密不可分的關係。

　　從跳水選手的例子我們應該能夠了解，從10公尺跳下，沒訓練過的人一定會全身緊繃、心跳加速，這不是用大腦可以控制的，我們沒辦法叫自己放鬆。在不熟悉的失重狀態下，也因為全身肌肉緊繃，致使我們無法完成精巧的動作。

　　我們都坐過雲霄飛車，它雖然不像跳水是100%失重，但雲霄飛車是長達數十秒或超過一分鐘的連續刺激。有的雲霄飛車會經歷自由落體、倒立和急速過彎等強大離心力的動作，第一次坐很難不心跳加速、肌肉緊繃。我們坐在車上，雖完全沒運動，但心率可能升到160以上，甚至直逼最大心率，手指緊握著把手。第二次搭乘的時候，我們命令自己不要緊張，肌肉要放鬆，但這並非意識可以控制的，心率一樣很高，肌肉依然緊繃。不過坐到第十次，心率可能可以降到130，肌肉也放鬆多了。坐到第一百次，也許我們已經可以練到像跳水選手一樣，臉不紅氣不喘地，以心平氣和的狀態下車了。

　　從跳水與乘坐雲霄飛車的例子也說明了我在KFCS訓練系統裡，提出的「適應輕鬆」概念，以及間歇訓練的目標──正是上述乘坐一百次雲霄飛車的訓練過程所要達到的。

　　我們在訓練初期練高強度短距離間歇的目的，不只是在練體能，而是在練技巧。什麼技巧？以羅曼諾夫博士的「姿勢跑法」來說，是在適應更大落下角度的技巧；以上述跳水和雲霄飛車的例子來說，是在適應失重的技巧、不害怕失重的技巧，使跑者在更快的失重下仍

能以放鬆的身心精巧地完成跑步動作。所以我在課程上才一直強調：
間歇訓練不能一直跑到很喘、很高心率、不能跑到肌肉緊繃、全身虛
脫，必須是愈練愈輕鬆，像坐一百次雲霄飛車一樣，我們的目的不是
透過坐一百次雲霄飛車來練心臟、練握力，而是透過這種方式來訓練
跑者面對失重的恐懼，讓自己愈來愈放鬆。這也是我們最後幾週狀況
很好，還要壓速度跑的理由。因為我們不是在練最大攝氧量，不能一
直把速度催上去體驗痛苦，痛苦的狀態下技術是發展不出來的。所以
「在同一個週期」一定要跑在同樣的速度附近，讓技術知覺有機會在愈
來愈輕鬆的狀態下長出來。

享受跑步的兩個元素

世界知名跑步教練丹尼爾斯博士列出「成功」跑者的元素有四[13]：
❶ 天生的才能
❷ 內在動機
❸ 機緣（包括家庭和社會環境是否支持）
❹ 方向（指方法，這跟學習有關，也跟老師或教練有關）

　　上述是以「一位有成就的跑者」為結果所分析出來的四種元素，
但若是以「能夠享受跑步的跑者」來分析，則可以剔除第一與第三個
元素── 天生的才能與機緣，只需要有足夠的內在動機與正確方向，
就能成為一位在跑步這項運動中能持續獲得樂趣的跑者。

所以，享受跑步的元素有二：

❶ 內在動機：對跑步擁有足夠的內在動機（熱情）

❷ 方向：對跑步有正確的認識，或是透過信任的老師使你充份認識跑步，你就會持續加深對跑步的興趣與認識

其中，第二點有助於第一點的增長，也就是說，當你愈能充份認識跑步，對跑步理解愈深，你對跑步的熱情也會愈加豐沛，你將產生源源不絕的內在能量（心力能穩定保持在充沛狀態）。但反過來倒不一定如此：當你對跑步充滿熱情，當你有決心在跑步這方面努力時，並無法保證你的方向正確，此時你對跑步的理解、你的方法、你的技術不一定是正確的。「方向」需要一位好的老師或一本好書指引，簡單來說就是：需要接受跑步教育並學習如何（練）跑步。

這邊要特別強調：「動機」必須是「內在的」才能享受跑步。如果是受到別人的逼迫，或是外在的獎勵（像是名次或獎金）才去行動，那享受的成份就會愈來愈低。可能短期內還是會因為成就感而覺得有趣、繼續做下去，但很難持久。

「動機」（Inner Motivation）是一種驅動自己的身心開始動起來的「因」。奪得冠軍、獲得獎賞等外在動機像是一種推動自己前進的外力；而內在動機好比心中的燈塔，你是主動參考著它而行動的。

日本職能治療師菅原洋平在《持續的技術》一書中分析過內外兩種動機的差異。他指出，由外部動機驅動的行動，很容易感覺到失敗，因為若是出自外在動機（外部的要求或條件）而產生幹勁進而行

動，行動的雖然是自己，但那個行動是由別人決定，可能是來自主管
／長官／老師或教練命令所以我才去做，或者是想要為自己加分而
做。在另一方面，若行動起於內在動機，因為是你打從心底想做，源
頭是興趣或覺得有趣，不管別人怎麼說，就是要做，是為了自己而
做。此時獎賞的大小不會影響幹勁，是自己在決定行動，屬於自我的
挑戰，為了提升自己的能力而做。

　　通過外在動機而採取行動時，一旦失敗，就會輕易放棄；反之，
因內在動機行動時，即使失敗也會不屈不撓地繼續下去。因為關係到
動機的是內側前額葉皮質這個腦區，其作用會受到不同動機的影響。
當我們是出自外在的動機，或由別人決定行動時，如果該行動失敗，
內側前額葉皮質的活性會降低，馬上沒了幹勁。這種經驗應該大部分
人都有過，當你的行動由別人決定時，一旦失敗，就會想「糟了，會
被罵⋯⋯」，此時在意的是別人的反應。

　　如果是自己做出決定採取行動時（內在動機驅動），即使失敗，
內側前額葉皮質的活性也不會降低，對大腦來說並不構成「失敗」，
因此不會覺得自己有失敗（縱使外人可能會覺得），也不會有太多氣
餒或挫折：他只是覺得沒做好，下次還可以再進步，很自然地可以繼
續採取行動，並從沒做好的過程中再學習。

　　菅原洋平的結論是：行動的持續力來自「內在動機」。我覺得這
是很棒的結論，我們可以從這裡了解到：打造內在動機，才能享受跑
步；能真正享受跑步的訓練與比賽之後，才能樂此不疲地持續（練）
跑下去。

【第 6 章】

從「心流」到「入神」

練跑的目的可以是形而上的

「心流」（Flow）這個概念，是由心理學家米哈里‧契克森米哈伊（Mihaly Csikszentmihaly）提出來的。最早，他是無意間發現了這個概念，因為他原本想要研究的問題是：到底做什麼事最能感到幸福？

他向許多專業人士發出問卷，包含科學家、醫生、藝術家，也問過許多藍領階級者，獲得了超過十萬份的日常體驗問卷。米哈里還訪問了很多人，當這些受訪者在描述他們處於「最優體驗」的感覺時，經常採用 Flow 這類的字眼，例如有些人是用類似「有一股洪流帶領著我」的用語來形容，所以米哈里稱呼這種「最優體驗」的狀態為「心流」（原文即是 Flow）。不管是 Flow 還是心流，這個詞也突顯出這種體驗是在流動的狀態中產生的。

如果用我們 KFCS 的訓練架構來詮釋，「心流」是指能量在「心→體能→力量→技術，再回到『心』」之間，不受阻礙、順暢地循環流動的狀態。這種狀態也是米哈里所提到的「最優體驗」（Optimal Experience）。

圖7 心流／最佳體驗

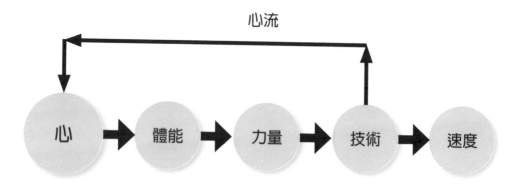

　　從「練心」的角度來看「跑步」，最終目的不再是「速度」，而是為了確認自己本身就是一股「流動」（Flow）。所以我們練跑的目的不再只是減重、健康、好身材、更好的成績、更多的獎牌或獎金、更好的名次等等，練跑的目的可以是一種形而上的「持續不斷地向前流動」。它不只是顯而易見、向前跑的動作，而是內在有一股能量在跑步的過程中奔流不已。跑步動作本身只是為了讓這種順暢流動的感覺繼續下去。

達到心流的五個條件

　　關於心流，科普作家萬維鋼在〈契克森米哈賴的幸福課〉一文中有簡明的定義：「所謂的心流，是當你特別專注地做一件目標明確而又有挑戰的事情，而你的能力恰好能接住這個挑戰時，你可能會進入

的一種狀態。而它的特徵是你做這件事情的時候會忘記自己，忘記時間的流逝，不特別費力，體察到挑戰中所有相關的訊息，而且有強烈的愉悅感。」

　　心流出現時，通常不會是無所事事，大都是在從事特定的興趣、工作或任務時，而且出現的時候需要滿足下列要素：

一、這項任務要有「明確的目標」

- 例如電玩的目標是破關、打敗魔王或提升等級。跑者在訓練時，小到每一份課表，大到每一個中週期，或單一週期……等都要有目標。這也是為什麼我們先前有強調：教練在規劃課表時，先要了解學員的最終目標，並為每個中週期設定小目標。目標一定要明確才行。

二、執行這項任務要有「即時的反饋」

- 電玩之所以令人沉迷，是因為你完成任何一個小動作，它都會「回饋」給你「經驗點數」以及「技能點數」，而且初期很快就會讓你升級，讓你提升能力值，這種「即時的反饋」讓你很容易想一直玩下去。這在跑步訓練中比較難由外部情境觸發，但我會建議由自己觸發，當你表現得好時，就要即時給自己鼓勵，例如我會拍拍自己，並對自己說「做得好」、「你很棒」、「你跑得很好」、「你真努力」。

三、這項任務要有一定的挑戰

- 沒有挑戰或過於簡單的目標，會讓人失去樂趣，甚至覺得無聊，那心流就永遠不會出現。

四、雖有挑戰性，但需要是「可完成的」任務

- 挑戰雖然很重要，但難度不能大到無法完成。過於龐大的挑戰會嚇到潛意識，使自我2感到不安、擔憂或甚至覺害怕、就會產生排斥心理，此時心流也將離你遠去。

五、執行時需要非常專注且放鬆，專注到能夠屏除外界干擾。

- 專注雖是關鍵，但必須保持夠放鬆才行。專注時不能過於緊張，那種不安與焦慮的心情會讓精神出現內在失序，讓人身心靈感到疲乏。因為這種內在失序的現象將強迫注意力轉移到錯誤的方向，也就是無法專注，精神能量將受到阻礙，甚至感到窒息，使本來練就的技能受限，不再發揮預期的功能。

關於第三、第四、第五點，我們用接下來的小節來進一步說明。

心流 vs. 挑戰難度＋技術

針對「心流」這個概念，我們可以用一張圖來看。圖8是取自米哈里於2004年在TED演講的投影片，經我重製而成。從圖8中，

圖 8　挑戰與技能的高低

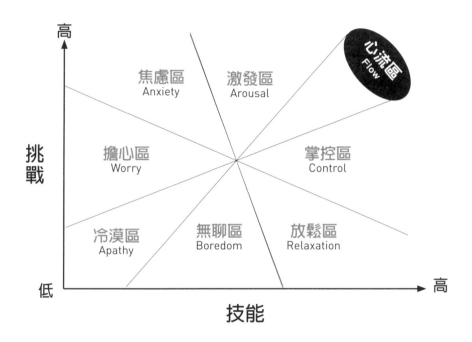

可以比較細緻地了解「強度」或「配速」，跟「跑步技術」之間的關係。縱軸代表當下正在面對的挑戰難度高低，而橫軸則是該挑戰所需技巧／技能的高低。

Flow：心流區

　　米哈里在演講中提到，心流的渠道，只有在從事「打從心底喜歡的事情時」才會開放，也許是彈鋼琴、跟好朋友在一起、跑步、唱

歌、繪畫、寫作或工作等。所謂的「打從心底喜歡」，並非只是口頭上的喜歡，而是你在從事該項活動時，潛意識不會產生負面情緒，且兩種意識都打從心底能感覺到「在這種挑戰中很舒適」的狀態。這要刻意練習才能辦到，如同之前的比喻，在高速失重狀態下（如跳水或三分速），沒有經過訓練的潛意識是會非常害怕的。

　　還有一些跑者是為了發泄情緒才去跑步，例如憤怒、悲傷、自憐等受傷情緒，或者是想在挫折、沮喪、憂鬱當中，使自己振奮。問題在於，日久之後會把跑步這項行為連結到上述的負面情緒，這就讓跑者更難達到心流的狀態。

Arousal：激發區

　　此時挑戰較大，跑者的技能無法應付，但在這裡仍有較高的機會轉入心流區，只要再提升一點技巧即可。這個區域接近我們在 KFCS 所謂的「輕鬆上限」：我們常在間歇課表中安排「緊」的距離，例如 5K 課表中 3K 或 5K 的節奏跑，課表壓力最緊，提供的挑戰會比當前的技術稍大，理想的情況下，有機會在幾週後使體力或技術跟上挑戰。所以，在激發狀態時，多數人都可以透過進一步的學習而體驗到心流。這是有助於人們被推離舒適圈的地方。若要進入心流狀態，他們就得發展更高的技巧。

Anxiety：焦慮區

　　這是越級打怪，此時很容易失去自信，心裡會自覺現在的技能無

法負荷即將到來的巨大的挑戰，因而產生焦慮。有一些特別積極、或意志力特別強大的跑者，會先出現其他負面的情緒：由於他們不斷動用意志力去挑戰太難的課表，這種不斷逼迫自我的行為，使得潛意識處在害怕（恐懼）、緊張、不安的情緒裡。例如一位跑者，5 公里的個人最佳成績是 20 分鐘，在 400 公尺的間歇中一直要求自己跑到 80 秒以內，這種要求自己的行為是「顯意識」做的，但因為這個挑戰太高了，潛意識會因為「恐懼」而「緊張」。心裡的「緊張」導致身體的「緊繃」，緊繃的身體會消耗較多體力，也無法展現技術——先前提到的跳水運動例子，從 10 公尺跳台下跳下只有短短的 1.43 秒，只要肌肉一緊繃，動作是法流暢和快速的。所以在「害怕（恐懼）」的心理狀態下我們想要的更加敏銳的技術知覺，當然也無法長出來（亦指無法發展、無法成長的意思）。

　　而且因為每次執行這類課表都跑不到、跑不好，或跑得非常痛苦，所以在面對這類課表之前，會覺得「焦慮」，跑不到／跑不好會覺得「懊惱」……這種練法一開始進步很快，但後來進步會趨緩，甚至退步或受傷，又不知道該怎麼辦，傷一好又繼續過度地操強度，接著情緒會轉入無助、無奈。在這種循環下，有些選手會有很深的無力感和失落感，對自己覺得失望，或甚至對成績進步已感到「絕望」，那就更難達到心流狀態，也更難再進步了。

Worry：擔心區

是指面對未來即將到來的挑戰很大，超過自己的能力時，會覺得

「擔心」。這種擔心的情緒只要出現，基本上也會無法進入心流狀態，運動表現也無法好好發揮，更別提技術的進步了。

Control：掌控區

因為接近「心流區」，所以也一樣是個相對較好區域。在這裡你會感覺舒服，但不會很興奮，因為對自己的挑戰不高；所以如果想從「控制區」進入「心流區」，就需要提高挑戰。

Relaxation：放鬆區

在這裡沒什麼不好的，你很舒服，但離「心流區」的體驗很遠。跑步訓練中「動態恢復課表」就會讓人進入這一區，所以恢復跑時不容易進入心流，但感覺很舒服，沒有壓力。

Boredom：無聊區

例如電玩中的怪物等級太低，任務太簡單，沒有挑戰性，從事該活動不久後就會令人厭煩。

在米哈里所著的《心流》這本書裡面，並沒有提到控制區和放鬆區，書中只有A2區，是指無聊／厭煩。但是在米哈里2004年的TED演講中的投影片則有清楚地說明以上各種狀態。當我們的技巧達到一定程度時，我們較容易處在「激發區」和「掌控區」，不會只有厭煩。

Apathy：冷漠區

此時非常消極，對所做的事無動於衷，不會動用到技能，沒有挑戰可言。米哈里在演講中提到「不幸的是，大多數人的體驗都處在冷漠中；造成這種體驗的最主要活動例如看電視或是在廁所裡坐著……雖然有時看電視會進入心流（大約7到8%的時間），但那是當你選到

圖9 挑戰與技能的黃金比例

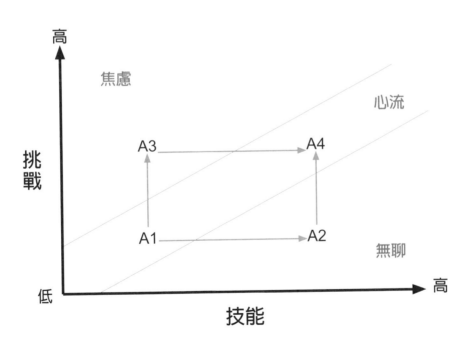

圖9改繪自行路出版社，2019年4月出版的繁體版122頁；簡體版出自中信出版社，2017年12月出版，161頁。作者稱中間的白色區間為「心流渠道」，它是挑戰與技能的黃金比例。

真正想看的節目並從中得到回饋時」。

　　相對於「心流區」，當人處在「激發區」與「控制區」時，會有較高的機會進入到心流狀態。

　　接著我們來看第二張圖9，這是米哈里在演講過了好幾年後寫在《心流》書中的。書中在解釋這張圖的文字下面，有一段寫道：「A代表正在學網球的孩子艾力克斯。這張圖指出他學習打網球時的四個階段。開始打網球的艾力克斯（A1）不具任何技能，唯一的挑戰就是把球打過網。這不是什麼了不起的事，不過艾力克斯倒也樂在其中，因為這困難度差不多剛好是他應付得來的，所以這時候他很可能處於技巧心流中。但是他不能一直留在原地，經過一段練習後，他的技能會提升，這時光是把球打過網對他來說變得無聊了（A2）。」

　　如果我們看第8圖（演講中的投影片）就可以知道，技能升級後若想達到心流，則挑戰必須跟著升級，此時已經回不去了，太低的挑戰已經無法使人體驗到心流狀態。但如果我們單看第9圖（《心流》一書的圖），會發現一個缺陷：該圖可能導致我們誤會「技術提升後，只要降低要求與挑戰，也可以達到心流狀態」。亦即，技巧已經提升到A2的人，只要把挑戰從A3降低到A1，就可以進入心流。

　　不過第8圖也不能算完整，因為它無法陳述出「低技巧的人，也能達到心流」的狀態。例如小朋友沒有畫畫技巧，但他們在白紙上也可以安靜畫很久而不說話。同理，入門跑者就算跑步技巧不高，但已經能跑，在速度不快時就有機會體驗到心流。

綜合了米哈里的TED演講影片及《心流》內的記載，應該說這兩張圖都沒有錯，只是表達的層級不同。兩張圖都有缺陷，但可以剛好互補。書中的圖描述了「心流的歷程」，由低技巧到高技巧都可以達到心流；演講圖中的心流區域是特別針對已發展出高度技巧的人士而畫的，他／她們回不去了，低挑戰已經無法達到心流狀態。

換句話說，入門跑者和馬拉松的世界記錄締造者基普喬格（Eliud Kipchoge）都可以體驗到心流狀態，但兩者的體驗質量是不一樣的，後者（技巧高超者）的體驗會更為浩瀚與深邃。

在比賽中達到心流的案例：
2022年臺北全程馬拉訓練營學員

【以下是學員撰寫的賽後心得】

此次和去年一樣B區出發，前5K謹記教練吩咐：天氣冷不容易感覺到身體反應，所以要保守起步，更專注身體與心理回饋。雖然一路被後方跑者超越，但相較去年不斷主動找人縫向前鑽，這次多了些被超越的從容優雅感。

前5K努力試著找到今天的42K體感，但也許是因為太久沒在9度的低溫下跑步，心裡也有點不確定此刻的體感是否合適，不過也就依照教練的提點來告訴自己：舒服放鬆是好

事，寧可過度放鬆也不要超過。

　　原本計畫每5K進一次水站補給，可是在7.5K發生失誤，誤進水站，此時適時回應自己緊張的情緒，安慰自己多進一次總比少進的好，下一站補少點就好，然後繼續依照原步調進行。

　　跑上中山橋14K前約300m處，看到全身穿著UA品牌的超人隊長同學從身旁超過。我大喊「超人」，得到了他回應，之後我又繼續專注跑自己的。上中山橋之前刻意降速，雖然我一路不停被超過，但我跑自己的，很放鬆，我鼓勵自己表現得很好，勇敢放鬆，勇敢接受「主動放慢——即便可能無法跑出最佳成績」這個想法。

　　過中山橋15K，後方大部隊的腳步聲愈來愈大，尤其此段有些天橋短隧道，經過時後方腳步聲回音益發明顯。由周遭跑者的討論聲中我得知，後方是汽球部隊，周遭圍觀人群的加油聲也逐漸頻繁出現「330加油」[14]等類似字眼，不注意到都難。雖然我要求自己要更專注輕鬆，但隨著距離愈來愈近，心理壓力也變大，此時想起教練Q&A說的不要理它，被追過就揮揮手送它離開。於是繼續更專注於輕鬆感上，這情況一直維持了大約5K左右。

　　約莫到了20K處準備上橋時，由於上橋路窄，想躲到旁

邊也沒地方路躲。上橋時因主動放慢，開始被 330 氣球部隊輾過。當我處在 330 部隊內，裡頭的擁擠程度堪比鐵人三項開賽游泳時水中格鬥般難受，畢竟我是刻意放慢速度上橋，與部隊速度格格不入，一路被推擠，腳步也與前後跑者相互碰撞，非常難受。上橋後終於 330 部隊遠去，我也鬆了一口氣，可以揮揮手送它離開。

上橋後繼續靠著專注關鍵跑姿與騰空放鬆，逐漸找回輕快感覺。此次跑友反映難跑的環東橋上的大風，與剛剛處於 330 部隊裡面的壓力相比，似乎無感，因我正在專注跑感的狀態中。

下環東時想起，去年在這裡大腿股四頭抽筋，因此又刻意要求自己放慢。下坡一路被追過，但就繼續跑自己不理他人，順順的進入了河濱。說也奇怪，原本在前方遠處的氣球部隊慢慢接近自己，但我沒有比較用力跑，只是順順的前進。

進到河濱後，330 氣球部隊也不像前段擁擠，大部隊慢慢鬆散開，我也繼續順順跑，慢慢縮短與氣球的距離後，終於在 33K 左右順順自然的超過了氣球部隊。此時繼續專注放鬆，給自己打氣一下高強度的 35K 熱身終於要結束了。再檢視一下全身：還想跑，且還能跑，且狀況很好，確實像是高強度熱身後的感覺。

　　35K後人群漸散，河濱往北道路漸寬，一面前進一面回想著第四週期每週五的意象訓練，此時試著慢慢想像增加推牆的力道，但更專注關鍵跑姿與騰空放鬆，速度漸漸變快，但更放鬆的感覺。在持續專心關鍵跑姿與騰空放鬆下，此時進入了第一次心流，一種很輕鬆就完成關鍵跑姿與技術動作的感覺，有點像訓練時熱身快步跑的後段感覺，但跑開了一點也不喘不累不緊繃，彷彿自己在另外一個時空，旁邊的跑者和風景與自己無關。那種輕鬆的自動駕駛感覺，輕鬆又輕快，愈跑愈快樂，那種喜悅讓我在此時自然的笑出來。但因為我戴著中空帽，一陣冷風吹來使我頭皮一涼，把我帶離了心流階段。事後看數據，這段心流大約維持了1K（35.5到36.5K）。

　　此時遇到幾個河濱轉彎，讓我必須再更專心地維持關鍵跑姿。出了水門後進入最後的40K補站實施補給後，右轉南京東路逆行。以往我都會求最短路徑，不會往外跑，但這次想要再尋找心流階段……很幸運的在持續增加推牆力道並專注放鬆後又進入了，這次時間更長，整段南京東路到終點，約2K，除了初期有第一階段一樣的感覺外，到後期愈跑愈開心，是那種內心湧流的喜悅感，有感動且喜極而泣的感覺。準備左轉進入田徑場，眼淚居然奪眶而出，是一種愈跑愈輕

鬆，愈跑愈輕快的感覺。進終點後我仍不想停，我想繼續跑，我不想停止這種感覺。進終點根本忘了按錶，應該說是完全忘了錶的存在。事後看數據，晚了18秒才想到要按下。

先前在Podcast《肉腳的跑步人生》節目聽見主持人專訪徐國峰老師，聽到「心流」與「聖靈充滿」的概念，就很好奇到底是什麼感覺，我怎麼都沒遇過，課表中試著找尋也都沒遇到過。原來我不是無緣心流，而是專注放鬆35K後，人群漸散後，心流才會來找我。

跑完在終點後感動許久……

跑友多半在今年的好天氣下大破自己PB，但我卻得到了跑馬以來最滿意的比賽經驗，喜悅感大勝PB。

檢視賽前三個給自己的比賽目標後，非常滿意自己勇敢的表現：

低標：全程不看錶→達成。甚至忘了自己戴錶。

中標：後半比前半快30秒到2分鐘→沒達成。但還是有做到「前慢後快」，前半馬1:44:37，後半馬1:41:49，後段的心流體驗讓我覺得就順著心的感覺跑下去，此目標就不重要了。

高標：享受比賽→達成。除了15到20K這一段的壓力很大外，其餘里程無痛苦出現，甚至最後心流出現，跑到喜

悅與感動由心湧出，已經大大超出我原本設定的高標了。

KFCS訓練中的四元素——心、體能、力量、技術，此次訓練營在「心」的部分感受最深且成長最大，回顧自己訓練營的自介，當時是寫著希望找回快樂跑步，享受比賽的感覺，我在這次比賽中找到了，給了我一趟之前完全沒體驗過的馬拉松奇幻旅程。

心流 vs. 恐懼

心流與技術知覺開發的最大阻礙來自「恐懼」，所以這邊我們要再進一步針對恐懼展開闡述。

「潛意識」的主要功能在保護身體。當你跨入陌生、不熟悉的環境時，就會產生恐懼。以跑步為例，當你要求的配速超過潛意識熟悉的範圍，代表的是在這個速度之下，身體向前落下的角度與腳掌失去體重的速度會讓身體感覺很陌生，潛意識會害怕，此時它就會傳遞出「危險」的訊息。對於這種威脅，最初的反應並非心裡的恐懼，而是身體上的感覺，像是肌肉僵硬、疼痛、呼吸困難、心跳加劇等等。此時如果跑者是個意志堅定的人，他的意識會下達繼續奮戰的指令，要求對抗痛苦，繼續維持等速。

當顯意識與潛意識互相起衝突時，心流的狀態同時也就消失了。

就像跑者加速到平常未常習慣的配速時，潛意識裡就會開始發出威脅的訊號，這樣的威脅會在強度加大與時間拉長時顯現出來。當精力耗損到讓潛意識覺得有危險，但此時你（的顯意識）仍下令使出全力向前跑，兩者就會開始互相搶奪資源。顯意識想要動用更多能量維持配速，或跑得更快贏得比賽，但潛意識則同時下達相反的指令，雖然你（的顯意識）會命令自己忽視那些指令，但當你刻意跟潛意識對抗，它反而會用盡一切方法阻止你繼續維持相同的強度，此時身體會發出各種的痛苦的訊息，這全都在警告你：「減速，否則就會……有危險！」

事實上，此時身體和潛意識所面對的情況並不會致命，卻被身體當作威脅來看待。每當身體到達臨界點時，就會下意識地減速，那個極限會銘記在你心裡，一再地於某個配速感到痛苦，使得該速度變成自己的限制，使你潛意識習慣之後，每次超過預設的臨界點後就會下意識地開始減速。我們可以說，這已經變成了一種你自己訓練出來的障礙，該障礙就像一座高牆，阻礙能量的流動，而那高牆是你透過「嘗試適應痛苦」的訓練所打造出來的。

這就是生存本能所造成的阻礙，但進步的機會同時也存在其中。

我們很自然地會把緊繃的肌肉、心率的提高、腳掌拉回的速度變慢、身體向前落下的角度變小當成生理上的衰竭。但如果我們從「潛意識」想要保護自我的觀點來看，它是因為陌生與害怕，才下令去繃緊你的肌肉、提高你的心率、拖慢你拉回腳掌的速度，與阻止你向前轉移體重。當你又同時動用意識下令硬撐、跟這些痛苦對抗，激烈的衝突就此產生。此時你要耗費大量的「意志力」來對抗潛意識強大的

反抗、忍受痛苦，堅持到底……結果就是被潛意識奪取主導權，最後你只能妥協，痛苦地放慢或停下來休息。

這種「顯意識」與「潛意識」之間的衝突，使精神的能量互相激盪，跟心流那種十分專注、十分平靜的祥和狀態不同。心流指的正是意識與潛意識和平相處，沒有衝突，也無須意識特意下指令，兩種意識心心相印、合作無間，此時內心處在一種很深沉安靜的運作狀態，外在的動作則行雲流水。

所以心流狀態，要在身心的「放鬆」狀態下才會出現，這種放鬆是練出來的，需要透過「適應輕鬆」的過程，逐漸讓潛意識接受這個速度、這個強度、這個失重幅度不會跌倒。唯有心理先放鬆下來，身體才能跟著放鬆。

想要放鬆，強度的設定就至關重要了。跑者最常用的強度是「配速」，配速即是挑戰，配速太快時會造成恐懼或焦慮，無法進入放鬆狀態。強度太高無法放鬆下來，心裡只剩痛苦時，意識會全被痛苦、想趕快通過終點、趕快完成課表的「著急」的心情給佔據。只要心裡一急、有那種想要「逃到終點之外」的心情出來，那就不太可能保持專注了。只要沒有專注度了，心流的出現和技巧的進步，都是不太可能出現的。

苦練時無法體驗心流

前面說過，我們可以透過「驚威並施」的方式來馴服潛意識，在

這個馴服的過程中自我 1 與自我 2 的意志力也在不斷提升，但雙方意志力的提升是透過衝突所練就的，也就是透過「苦練」練出來的。

我們想一想：跟「心流」此種內心狀態相反的描述是什麼？如果「心流」是一種能量順暢且快速流動的美妙狀態，那相反的狀態就是「衝突」與「痛苦」。

先談「衝突」。

「心有餘而力不足」是身心之間最明顯的衝突。若我要求自己倒立，但手臂肌力不足、核心力量不夠，所以一直做不到。此時不斷動用意志力來要求自己用手支撐體重，只會不斷失敗與跌倒。又好比說我想要跑全馬，但體力不足、跑姿不好，所以跑不完而且跑到一半就腳很痛。此時意志再強大，只會造成更嚴重的傷害而已。

另一類較隱晦的衝突發生在心裡的「意識」與「潛意識」之間。想像你正在一場五公里的路跑賽上準備起跑，你久經訓練，每星期練了六天，其中有兩天是高強度的間歇訓練，你知道自己可以用每公里 3 分 30 秒的配速跑完五公里，絕對沒問題，因為那正是你五公里的最佳成績的平均配速（假設 PB 是 17 分 30 秒）。經過 3 個月的辛苦訓練，你想要打破自己的最好成績，你一開始就預設這場比賽要以每公里 3 分 20 秒的配速完成。比賽當天天氣很好，既涼快又乾爽，很適合跑步，你也覺得自己的狀況很好。起跑後全身的動作都極為流暢，你

一下就跑到最前頭，狀態好到你根本不想舉手看錶上的配速，怕會打亂節奏。但第3公里跑完後，你瞄了一眼手上的GPS手錶，現在配速是3分15秒，比自己預定配速快了5秒／公里，你腦中開始質疑自己「這不是我的配速呀」。沒看錶之前一切都很好，但一看了手錶上的配速，你開始就緊張了。過沒多久，第4公里還沒跑完，你感到痛苦開始逐漸加劇，接著你確認：「這真的不是我的配速，在不久後我就會覺得痛苦。」因為過去多次的經驗都是如此，你開始跟過去比較，你的自我1不斷想要維持3:20的配速，但自我2不斷抗拒你。緊接著「痛苦」與「快要死掉的感覺」就正如你的預言般到來，你開始在這種極端的痛苦中掙扎著。

心流是在何時消失的呢？是在你舉手看錶時，當你的心中已經出現「時間」概念；或是還沒舉錶，在心中去計算完賽時間時，心流特性之一的「無時間性」已經消失。而當然，心流的感受也離你遠去。

再來談「痛苦」。當你感到痛苦還需要繼續維持速度跑下去時，就需要動用大量的意志力。所以「苦練」可以鍛鍊意志力，強化你的心志。但就跟天底下所有的事一樣，能力的平衡很重要，只是一昧苦練，意志力比其他能力強太多時，反而會有負面的效果。

「苦練」這種方法仍然有效。衝突中我們仍可馴服野馬，但野馬被自我1馴服，只是因為野馬累了，牠並未真心被馴服。也就是說，苦

練的方式並無法跟潛意識達到「誠心」的和解與合作，所以不能一直苦練，最佳的苦練方式是潛意識也願意一起吃苦，雙方吃苦都是自找的，而不是只靠意識下指令強迫它屈服。這種兩種自我攜手共赴苦難的「痛苦」是外人看到的，其實跑者內心是不會感覺到難受，反而會有一種自得其樂的感覺。

　　一直在苦練的人，等於是訓練自己遠離心流狀態。這也會讓吃苦變成一種習慣，我認為這是阻止技術知覺開發（後面會解釋「知覺」是什麼）與成績不斷進步的最大阻礙了。舉例來說，我在訓練跑者練間歇時，有些訓練有素的跑者會很不習慣我的課表，覺得太輕鬆，他們總是喜歡在間歇訓練中跑到苦不堪言，一種大口喘氣到說不出話來的狀態，好像沒有跑到喘得要死就是沒盡力。當我要求他們「不要超速」、「練習在目標速度區間中跑得更輕鬆，而不是跑得更用力時」，他們會很難做到，因為他們已經太習慣「苦練」了，一來到間歇課表，就很自然地等同於「痛苦」，好像沒有痛苦就不叫「間歇訓練」。

Flow 體驗中的三種特性

　　我們要了解，若跑者達到心流狀態，即是能量在「心智→心志→體能→力量→技術，再回流到心智」的這整個過程中沒有阻礙，沒有衝突，是一種非常順暢的狀態，好像有一股洪流在帶領著你，兩種自我攜手合作，共赴戰場（共同面對挑戰）。此時你的內心裡所感受到狀態會具有下列三種特性。

第一種特性：無控制性（Effortlessness）：沒有刻意去做事，不用特別費力控制，這是一種把自我意識去掉、讓潛意識裡的程式自動執行。我們常跟教練講，想要提升自己的跑步實力，多讀書是好事。但在跑的時候（尤其是練課表時），盡量少想，反正怎麼輕快怎麼跑。想的愈少，每次只抓一個重點來調整（例如這次練習腳掌上拉的時機），別想一次調太多東西，比較容易慢慢把跑步知覺練起來。

抓到輕快感之後還要放手，放手給自己的潛意識去做動作，讓動作自然發生，這點跟「心」有關。簡言之：調整的時候要有意識去調（顯意識參與），調好後顯意識就要放手，慢慢練到讓它能自動執行，這樣才會省心（節省心力）。

第二種特性：無時間性（Timelessness）：亦即消除了過去、現在與未來的區別，處於「深度的現在（the deep now）」，也就是一種接近「活在當下」之中的狀態。這也跟潛意識的知覺特性有關，它只活在當下，沒有過去和未來。但顯意識就不一樣了，它既可規劃未來，又可遙想過去。

在心流狀態中，主觀的時間感改變，因為意志和行動皆由潛意識接手，時間的流動會變得極慢或極快。例如10公尺跳水選手，若進入心流狀態，從起跳到入水的那短短的1.4秒彷彿被拉長了，時間好像「變慢了」，可以悠然自得地完成複雜的技術。又例如在心流狀態下，經常不會感覺到時間的消逝，像是馬拉松跑者若進入心流狀態，會覺得兩個多小時的時間「變快了」，好像一下子就過去了。

　　第三種特性：無自我性（Selflessness）：「自我意識」在心流狀態下會變得極為淡薄，這即是俗稱的「渾然忘我」狀態。此時跑者向前跑的行動不用任何外來的獎賞（reinforcement），個人仍願意參與該活動。這種在心理學家稱為「內在動機」（intrinsic motivation）的驅動方式，也可以理解成「顯意識」已退場，由「潛意識」的愛好所驅動的行為。

　　相對而言「外在動機」是指學習來的外在目標所驅動的行為，而「顯意識」是學習的主體。許多目標都是學習來的，像是為了配速、成績、破PB、名次而跑，都屬外在動機。

　　只有當「顯意識」退場後，才有可能變成內在動機驅動的忘我狀態。在內在動機驅動時，跑者不會覺得挫折或失敗，因為「內在動機」是指打從心底想做，源頭是因為潛意識覺得有趣，所以不管別人怎麼說（包括不管自己的顯意識怎麼說），就是會想做，是為了自己而做。

　　有了內在動機之後，也比較不會有失敗和挫折感，較易忘我地從事某項行動。人們常說「不要怕失敗」，但唯有當我們是在「受到他人和顯意識的決定而行動」的情況下，才會感覺到失敗，才會擔心失敗。如果是自己（潛意識）所做的決定，是不會感到害怕的，甚至連失敗的念頭也不會有，反而能夠成為自身成長的資糧。這麼一來，不管發生什麼事都能一直持續。所以只要打造內在動機，貫徹始終就會比較容易自然發生。簡言之：要練就「持續」的功力，就要打造內在動機。

最特別的第四種特性：Zone 的境界

接著要談到第四種特性：豐富性（Richness）。這也是最特別的一種，我認為這超越了「心流」，來到了另一種心靈的境界。

進入此種狀態時，內心裡會有非常豐富、多彩多姿的感覺，大量「靈感」彷彿紛至沓來，有一種創造力忽然大增的感受，並產生強烈的愉悅感。這也就是心流學說創始人米哈里所說的「極優體驗」，類似佛家所謂的「自性本具的智慧」。這種「自性本具的智慧」，應是一種「人」與「神佛」之間密切交流的私密狀態。

米哈里於2004年的TED演講15中特別提到ecstatic這個詞彙，那是一位作曲家用來描述他作曲過程很順利時的一種感受的描述。ecstatic在希臘文中的原始義是「站在某個東西旁邊」，後來變成描述精神的一種狀態，中文可以譯成「狂喜」或「入神」，它是一種你感覺到從事「非日常活動」的精神狀態，所以ecstatic這個詞又是指「進入另一種現實」。

米哈里在演講中的延伸說明很有意思。他說：「從這個詞，我們可以想一想，過去人類達到巔峰的古代文明，無論是印度、希臘、中國、馬雅、埃及等，他們『進入另一種現實』的方法是建造神殿、宮殿、寺廟、圓形舞台、劇場或競技場，他們可以在這些地方體驗到『入神』或『狂喜』的狀態，因為這些地方有助人們用一種更專注、更聚焦且更有秩序的方式體驗生命。」

對作曲家而言，想要「進入另一種現實」、想要體驗入神，並不

需要去到神殿、宮殿或寺廟，他只需要一張紙，在上面寫些小符號，他的腦海中就能想像出音樂，開始進行創作。而且一旦他進入創作狀態，一個「新的現實」就出現了，這就是入神的時刻，他進入了另一種現實。米哈里所訪問的這位作曲家提到在這種狀態中，感受非常強烈，以致於他幾乎感覺不到自己的存在（忘我的感覺）。

我們常用「神人」稱呼那些可以用優雅的跑姿跑出超快速度的菁英跑者，或是那些可以用臉不紅氣不喘的表情以第一名的姿態跑進終點線的跑者。從另一個角度來看，這些把跑步當作「技藝」練到出類拔萃的跑者，想必也很常在跑步當中體驗到這種「新的現實」。在那個新的現實中，他的身體好比一座神殿、宮殿或是寺廟，在那裡頭像是有「神明」存在（如同佛教徒說的「人人皆有佛性」），在該狀態下會有一種「人」與「神」之間產生極為密切的交流，這種交流不是用語言，也不只是兩種意識（兩個自我）的交流，是一種人與更高級的生命合而為一的狀以。這也跟ecstatic（入神）這個詞彙互相呼應。

優秀的跑者有時會進入這種入神的狀態，或者用比較常聽到的說法是「全神貫注」的狀態，此時他們能很清晰地意識到自己的身體各部位和外在環境中的各項細節，但腦袋裡卻沒有任何雜念。在三浦紫苑所著的跑步小說《強風吹拂》中有幾段描述主角阿走在一場比賽中體驗到的此種境界，作者對此境界的描述相當精彩：

（此時阿走）就像道行高深的僧侶，透過坐禪達到開悟的境地；又或者像薩滿巫師，跳著節奏單調的舞步，進入神靈出竅的狀態—阿走透過『跑步』這個再熟悉不過的行為，進入了一個不同次元的境界。

他的專注力，有如一根緊繃的絲線，來到瀕臨斷裂前的張力極限；他緊張又高昂的情緒盛滿土缽，再多加一滴就會溢出缽緣。阿走就是保持著這樣的精神狀態，心無旁鶩地向前跑 16。

　　心流的英文是Flow，在英文的語彙還有一個詞也常用來表述此種美妙的境界，這個詞是Zone，一般被譯為「化境」。然而，我認為Flow與Zone所要表述的境界層次不同，Flow強調的是能量在複雜中有序地快速流動，此時感覺很棒，不太會累，跑者會體驗到無控制性、無時間性與無自我性；然而，Zone所強調的是跑者進入了另一個現實的區間裡，入神了（或說不分神），後者的的境界更高。

　　我們要先達到Flow的狀態，才有可能進入Zone，一種與神靈交通的更美妙狀態。在這個狀態中會具有極高的豐富性，《強風吹拂》中的主角阿走就在最後一場比賽中體驗到這個狀態了。我認為知名跑者基普喬格在2017年「馬拉松破2」（Breaking2）計畫中就曾體驗過這個狀態。他在最後五公里，雖然當時已偏離破二的的目標，但他仍在全球關注他的同時、還需要再加速才能打破兩小時的當下，邊跑邊微笑。我認為他體驗到了你我凡人很難體驗到的入神狀態，一種Zone的境界。

　　在早期一部日本動漫作品《閃電霹靂車》中，主角風見會在比賽的過程中進入「零的領域」，進而做出非人類所能做到的敏捷與控車

技巧，使他在賽場上無人能敵。這部動畫所用的詞彙「零的領域」，很符合英文詞彙中 Zone 所代表的境界和表現。如果有看過這部動畫的人，應該會更容易了解 Flow 與 Zone 在境界層次上的差異。因為在這個領域中會有一種非常人的感觀出現：能預測下一瞬間所發生的景像，所以主角風見可以看到身邊每一輛車的動向，進而找到最好的超車路線。心中彷彿可以知道對手心裡的想法，所以能預知對手的路徑進而找空隙超車。

在某些網球與羽球選手的自傳中，也可以找到類似的描述，他們在進入此種狀態時「彷彿可以知道對手心裡的想法」，而提早做出反應。所以當我們看到有這種表現的選手，很自然地會說出他／她真乃「神人」也，或是「好神」、「超神的」這樣的用語。

不少世界級的球員都曾在自傳中描述過這種入神的狀態，像是世界知名籃球明星麥可喬丹（Michael Jordan）曾在奪得第六次 NBA 冠軍的那場球賽中，也就是他個人拿下 45 分之多的那場比賽結束後，提到他在該場比賽中的體驗不只是其他球員的動作變慢（心流的特徵），而且還有種預測未來的能力（超常的特異功能）：

當下那一刻成為我當下的這一刻，這正是禪宗的一部分。一旦你進入那個當下，你就會知道自己已達到那個境界。所有的東西都會緩慢地移動，你開始會很清楚地看到整個球場，並且瞭解防守球員所試圖要做的事情。我看得到，我看得到那個當下 [17]。」

在另一部《麥可喬丹傳》裡有這樣一段描述：

喬丹：「你似乎在一個只有你能夠觸及的領域裡打球。」

厄文跟他說：「麥可，進入那個領域的感覺如何？」

喬丹回答：「感覺就像你的每一個動作、每一步、每一個決定，全部都是正確的。」

如同喬治‧孟佛所描述的，喬丹「已臻化境」（In the ZONE）。每個球員有時候都會進入那種領域，但喬丹似乎棲居在裡面[18]。

在公牛隊與猶他爵士隊的NBA冠軍賽的第六戰，喬丹以最後一擊贏球（87比86）後接受採訪時，他說道：「一切都開始移動得非常慢，然後你開始清楚地看見整個球場。」喬丹如此解釋他的最後一擊：「你開始解讀防守方試圖做什麼，而我看見了，我看清了那一刻[19]。」

談到這邊，我們總結一下這種「入神」的狀態。當跑者沒有注意外顯的數據或成績，而且能專注在課表或比賽本身的目標與挑戰時，這時候因為課表和比賽的挑戰相當明確，而跑者的能力又恰好可以接住這個挑戰的話，就很有可能會進入心流狀態。

在這種狀態中，因為沒有顯意識參與（無控制性），所以跑者會忘記時間的流逝（無時間性），會跑到相當忘我（無自我性），而且自己的生理、心理狀態，包括認知力、創造力和愉悅感都達到顛峯，

意即由體能可以代謝產生極大的能量，而且能量以非常流暢的狀態在{心→體能→力量→技術→心}之間快速循環地流動著。由於能量是循環，會覺得特別省力，節省許多體能，此時會感覺到自我就像永動機，好像永遠都不會累可以一直跑下去，可以感受到極為高漲的生命力。此時，有些人可以在心流的狀態中創造出「另一個現實」，在這個自創的現實中好像有一條循環不已的水域，有大河、有大湖、有大海，裡頭住著多樣性生物，是一個極為豐富的世界（豐富性）。

綜合以上，「以身練心」的目標中，「心」的境界有三層：

❶ 第一層：幸福（Happiness）——欲望被滿足後，一種（心滿意足）的幸福感

❷ 第二層：心流（Flow）——一種最優體驗，如一股洪流帶領著我

❸ 第三層：入神（Zone）——在心流體驗中，進入另一種現實（神馳、出神入化、如有神助）

我們常說「有夢最美」，我們要先把目標提高，才能提高機率體會到上述三層境界。也就是說，「練心」的最終目標就是入神的境界。在這條入神的路上，我們會感受到幸福、體驗到心流，但那只是路上的風景，並不是終點。

入神的進路之一：技術

我們前面說過「技術」與「心」之間有著密切的聯繫，而練心的最高境界是「入神」，那是一種如有神助，作品或動作達到出神入化的境界。

我的境界沒那麼高，無法帶領各位到達。但傳統文化中有許多入神的故事，《莊子》一書中就有很多，像是庖丁解牛（《莊子‧養生主》）、梓慶做鐘架、瀑布下游泳的人、工倕的手指與疴僂者承蜩（以上四篇皆出自《莊子‧達生篇》）。

莊子是道家，強調「道」。「道」是什麼？老子說，「道」只可意會，不可言傳，說了就不是「道」（道可道，非常道）。這個可意會不可言傳的「道」該怎麼體呢？

我個人認為，體會的方式就在上面這些故事裡，進路就是與「心」密切相關的「技術」，所以中華思想中有「技進於道」的傳統。「入神」就是與「道」同化的境界，方法之一是透過某項技行的修煉。

我個人很喜歡《莊子‧達生篇》中的這段小故事，因為它很生動地描繪「技進於道」所達到的「入神」境界。

仲尼適楚，出於林中，見疴僂者承蜩，猶掇之也。

仲尼曰：「子巧乎！有道邪？」

曰：「我有道也。五六月累丸而不墜，則失者錙銖；累三而不墜，則失者十一；累五而不墜，猶掇之也。吾處身也，若橛株枸；吾執臂

也，若木之枝；雖天地之大，萬物之多，而為蜩翼之知。吾不反不側，不以萬物易蜩之翼，何為而不得！」

孔子顧謂弟子曰：「用志不分，乃凝於神，其痀僂丈人之謂乎！」

下面用我自己的方式，以白話文說明這個故事：

孔子到楚國去，某天從樹林中出來時看到一位駝背的老人用一根木棍在黏蟬，怎麼黏怎麼中，就像在揀拾物品一樣，非常厲害，他看中的蟬每一隻都逃不出他的棍子。

孔子問他說：「你的技巧很高啊！有什麼方法嗎？」

駝背老人說：「我有我的訓練方法。我先在這根棍子上擺上兩顆石頭，花5到6個月的時間，練到手持棍子移動石頭很少會掉下來時，再加上1顆石頭。等到我能在木棍上擺3顆石頭，移動10次只掉1次的時候，再加2顆石頭。等我練到疊5顆石頭都不會掉下來後，我就能做到像現在這樣，黏蟬就像在揀地上東西一樣容易了。這個時候，我感覺身體像是枯樹幹，手臂像是樹枝，雖然天地如此廣大，世間萬物如此之多，但我在黏蟬時，只看得到蟬的翅膀。我看不到天地，也看不見其他東西，此時不論世間任何物品都無法跟我交換蟬的翅膀，在這種狀態中，我怎麼可能抓不到蟬呢！」

孔子轉過頭跟他的弟子說：「平常跟你們說要做到專心致志毫不分心，像是進入另一個現實中的神人，你們很難體會，這位駝背老人就是一位活生生的例子。」

以上這個寓言說明了「技進於道、道進乎技」的過程。駝背的人

說他經過不斷的練習以後，先進入一種忘我的境界：這時身體由如木椿般，用來執竿的手臂如同枯槁的樹枝。這就是莊子強調的「離形」——心離開了我們的形體，進入到另一種現實。

老人說他面對天地之大，萬物之多，眼中卻只看得到蟬翼而已。這就是莊子強調的「去智」——人類的心智是地球上所有的生物中最強大的，但也是我們的心智把我們綁定在人的能力上。想要「入神」、想要體驗神人的境界，就要放下自我，讓思想安靜下來，讓意識沉寂，倘開心胸讓神進入。

當老人全心全意在黏蟬這件事上，就算天地萬物有其他各種豐富美麗的事物，他皆不肯以任何事物來換取蟬翼。說明了他神乎奇技的黏蟬功夫，是從離形去智的忘我功夫修煉後外顯的結果。

要達到這種「專一」與出神入化的境界，是要先能「忘」，唯有忘掉除了你心之所專的那樣事物之外的其它一切，你才能進入凝於神的境界。

2
實務篇

【第 7 章】

訓練課表：適應輕鬆

　　前面提過：如果訓練中一直太過強調痛苦，將使技術無法進步，使訓練碰到瓶頸。然而，訓練不可能完全沒有痛苦，「感覺」和「感受」都是比較出來的，「痛苦」有助於讓我們認識「輕鬆」是什麼。

　　比如說，某個月的課表開始有 8 趟 800 公尺的間歇，教練要求每趟要跑 3 分鐘（配速是每公里 3:45），第一次訓練時就可以完成，但非常痛苦。痛苦代表衝突很大，有可能是高強度的體能跟不上，或是力量應付不來，也有可能心理因素，是知覺無法適應配速每公里 3:45 的落下角度，那個速度的失重太快了，潛意識底在抗拒。外顯的結果就是全身緊繃、呼吸急促、心跳加快。

　　我們先前也用搭乘雲霄飛車的例子，說明「心理影響生理」的經歷。第一次坐雲霄飛車時很緊張，但同一台雲霄飛車坐到第三次、第三十次，緊張感不但大幅下降，身心也都適應了失重的感覺，這時顯意識（是它下命令去坐雲霄飛車）就會和潛意識（是它害怕搭乘雲霄飛車）達成和解。

　　訓練有痛苦是一定的，但不能一直痛苦，要用各種訓練法來幫助運動員從痛苦的衝突中逐漸和解，使「心→體能→力量→技術→心」

之間的能量順暢流動起來。換句話說，訓練時有時要先退一步降低配速，或是使同樣配速下感覺愈來愈輕鬆，感到輕鬆後更要再多停一下、多練個幾週，先別急著再加速，反而要再適應一下同樣的配速和輕鬆感。等到確實在這個配速之下「適應輕鬆」後，再來調整強度。通常，此時的進步已經發生。這即是從「心」的適應觀點來認識訓練。

如何從「心」訓練：課表裡的5個Mindset

　　下面我以KFCS全馬訓練營中的訓練計畫為例，分享我在這份計畫中幾個關鍵課表中給學員的訓練指引，從這些指引你可以看到我是如何從「心」去引導他們訓練，也有助你了解練跑或練心之間的關係。

　　開始進入課表細節之前，首先要知道，不論是何種課表，在執行的心態上要把握住下面幾個重要的原則：

❶ 不補課！去除彌補的心態

　　確定要訓練的課表後（不論這份課表是你請教練開的、自己擬定的、書上寫的或上網找的），心態上要先定下「不補練」原則。如果真的因為工作、家庭而無法挪出訓練的時間，選擇「跳過」會比「置換」或「補練」更好—— 交換或補練是一種補償的心態，盡量減少這種補償的心態，就可以增加自身對當下的專注力，讓我們學會珍惜每一次的訓練。

　　把課表想像成佳餚的話，每一道菜都像是具有保存期限的美食，

錯過，就沒了，所以更會好好珍惜！課表就像美味、營養的食物，過期了就不能吃了，所以請不要補練。我知道有些跑者會想把課表「吃好吃滿」，有時因為生活與工作的突發狀況而漏掉了一次訓練，會想在休息日把課表補上，但這在我們訓練營當中是嚴格禁止的。我排定的休息日有其特殊的目的，若休息日仍從事訓練，那勢必會影響後續的訓練品質，甚至造成受傷；一日同練兩份課表也會造成類似的負面效果。所以，你在正式開始訓練後，心裡要立定「不補課」的原則。這代表著：課表過了、就沒了。

若工作和家庭有突發狀況，當然以家庭和工作為重，此時不是你的問題，請適時把課表放手，先暫停訓練，把突發狀況處理完，後續再接著訓練就好，絕對不要補練。

「不補練」這個原則可以強迫我們思考：就算明天的工作很忙，但真的完全排不出時間完成既定的課表嗎？更早起床？中午休息時間？半夜十二點以前？還有什麼時間可以練？如果真的忙到完全沒時間，我還是建議跳過，不要置換，因為工作這麼累，本應就要增加休息時間，對訓練來說少練一次並非壞事。

彌補的心態誰都會有。我先前有一次10公里的課表因為出差而沒跑完，心裡一直出現「想要補跑以求100%完成課表」的念頭──就算我知道不要補練，也擋不下這種念頭。但只要專心在下一次的課表，想著怎麼把明天的課表跑好，就可以讓我逐漸去除這個念頭，而且更珍惜每次訓練的時光。

去除彌補的心態，就等於培養專注當下的心志。透過吃課表所培

養出來的這種心志，可以運用在生活中各種方面。以我自身為例，因為週末常出差，過去會有回家後要彌補家人的心情，但現在轉換成在能夠陪伴的時間裡全心全意地跟她們在一起，不再分神、不再彌補，這種心態的轉變帶給我很大的啟發和感動。

❷ 訓練時要先有「閑適的心情」

練課表時，「心」不能急，才有可能有輕鬆的體感。一有急躁的心情出現，專注、輕鬆、愉快的心情與輕快的跑感就很難出現了。

如果訓練時間很緊迫，就不可能有閑適的心情，那我們的目就很難達到。例如今天熱身加主課表加收操需要90分鐘，你把訓練時間掐得很緊，只給自己95分鐘的時間來練，接著要趕去工作或送孩子上課，那心情一定是緊張的。所以建議先把自己的行程規劃好，把「跑步」當作跟重要的對象約會，把它慎重地放進你的行事曆之中，赴約的時間要抓鬆一點，一定要提早到，才不會太緊張，心情放輕鬆，與約會對象相處（跟跑步相處）的感覺才會好。

非職業的跑者，能在繁忙的工作與生活之餘認真準備一場比賽（認真吃課表），已經是非常不簡單的事了。你所要做的是按部就班，好好享受你接下來與跑步的每一次約會時光。

❸ 好好呵護自己想練跑的心

「心」，是我整個訓練框架中的基礎元素，最需要好好的照顧。我不希望課表中有太多的痛苦成分，希望跑者在把課表練到最後一週

時，仍會打從心底喜歡訓練，不會愈練愈厭世，所以在訓練跑者過程中我其實也是不斷引導學員學習如何好好呵護自己「想跑的心」。想跑的心很重要，因為「心」是一切的基礎，要在訓練過程中好好呵護它、照顧它。方法如下：

　　熱身前：先問自己想練習嗎？想練習的心情是幾分（0分最低，10分最高）？如果是 5 分以下，先不要去否認這種心情，反而要去重視自己當下「不想跑」的心，先去「承認」這種心情的存在，並「接受」與「允許」自己有這種心情。跟自己商量：我們先做熱身好了。

　　熱身後：如果「想跑的心情」沒有超過 5 分，可以直接停跑今天的主課表，因為不想練的心情也有可能是身體太疲勞造成的，或是潛意識因為你沒發現的原因在鬧憋扭，所以我們要正視這種不想練的心情，直接放假休練一次。但熱身完如果是 5 分以上，也就是已經比熱身前有更想跑的心情時，就保持這種心情，慢慢把課表跑完，並以維持或提升「想跑心情分數」的目標來把課表完成。

　　訓練中：訓練過程中感覺到輕快，或覺得自己跑得很好、覺得自己好棒時，請適時拍拍自己的胸口或肩膀，對自己說：「你做得很好！」

　　訓練後：感謝自己的認真，讚美與謝謝自己的努力。感謝與讚美

時要喊自己的名字，你可以這麼說：「（自己的名字），你好認真，把所有課表都完成了，真的很棒，謝謝你的努力！」

❹ 「輕快」是我們的目標

　　學習以輕鬆愉快的體感和心情跑完有氧跑的課表。「不要追求痛快！輕快才是我們的目標！」疼痛是一種警告，有聽到警告就要停下來；沉重是一種衝突的表現形式，發現腳部變沉重，就要放慢或停下來，休息一下再重新出發，找回起跑時的輕快感。練跑時腳步感覺輕快，心情感到輕鬆愉快，那就對了！請繼續保持下去，不要因為輕鬆就覺得自己不夠努力，而去加速追求痛快，那不是我們的目標。

❺ 先慢後快

　　最後，也最重要的是，「先慢後快」這個原則。它是在跑步這項運動中「以身練心」的重要原則，後續將反覆提及。

利用跑步課表來練心

【課表】

低強度長跑(Long Slow Distance, LSD)──求慢：靜（鏡）觀自身

【範例課表】

- 1區心率120分鐘

【課表說明】

- 長跑過程中腳步變重，覺得動作跑掉、跑姿走樣、落地有頓點不輕快、腿部有過份的緊繃感或不適，就需要立即放慢速度（此時就不要在意心率或速度了），或改成原地跑30至120秒，或停下來休息，等緊繃感消失，待動作可以恢復流暢之後再繼續向前跑。若是緊繃感一直無法透過原地跑或休息而消失，可以先停錶暫停，休息一下，喝個水，做一些伸展和熱身時的技術，等身體和心情都平靜下來後再重新按錶出發。但若出現疼痛請立即停跑收操，不要勉強！

- 如果今天的課表你跑到60分鐘後心率很高，跑得非常慢心率也降不下來，那就要停下來休息，5到10分鐘後再重跑。開始重跑後若重新找到輕快的跑感後，可以維持在課表要求的心率區間跑步了，那就把它跑完。如果還是不行，就直接進入收操環節來休息。

【心理目標】

- 本週期長跑日的主要目標是：「跑完時還有想繼續跑的心情！」為了達到這個目標，前面一個半小時要盡量放慢，但也不能太慢，例如慢到像散步的速度，那就很難維持輕快感，會覺得更枯燥，也會達不到上述目標。前一個半小時的速度與心態都是「不急不徐」，找到一個輕鬆的速度，舒服且有節奏地跑下去。前面如果慢得下來，也找到舒服的節奏了，後面自然會跑得

好，跑得好就會想繼續跑下去。

- 若能達到「跑完時還有想繼續跑的心情！」這個目標，後面的課表將愈練愈好。但如果達不到也沒關係，你可以把感覺沉重或開始不想跑、開始一直看錶或一直想「什麼時候才結束啊」的時間點記得來，下週再以延長該時間為目標。例如這週是在第80分鐘開始覺得不想跑，那下週只要能延長到第90分鐘就是進步。

- 在課表規定時間內，使身體在不緊不酸的狀態下連續跑。速度不重要，心率也不太重要，心率區間只是提醒你不要跑太用力，不要超過上限，若狀況不好，跑在下限以下也完全沒關係，只要能在規定時間內連續跑就好。

【練心技巧】

- 不要去控制呼吸，先用自己平常最自然的呼吸，接著練習去「觀察它」，不要去控制它。每次練有氧跑時，試著去觀察自己的吐氣和吸氣的長短、節奏（吐氣期間跑了幾步？吸氣期間跑了幾步？），每週至少紀錄一次，這有助自己身心的連結。

- 有氧並非不能停，換言之，有氧跑也可以練間歇（有氧間歇）。間歇訓練不等於高強度訓練。間歇訓練可以達到許多目的，其中之一是恢復技術的知覺。當你覺得心率太高，或局部肌肉緊繃，或是跑起來很沉重、很不輕巧時，停下來5到10分鐘，就有機會讓知覺恢復，讓跑步動作變得更輕巧，讓同樣的

速度變得更輕鬆一些。這正是我們想要達到的目的。如果這樣做，這整份 2 個小時的課表雖然要分段跑，但它的品質會比你一次跑完的情況好很多。

- 就算沒有疼痛，身體也不會感覺不適，只要開始感覺沉重或開始不想跑、一直看錶或一直想「什麼時候才結束啊」的時候也需要停下來。身體在短暫的放鬆後，有機會重新回到「想跑」與「享受跑步（享跑）」的狀態中。

- 如果一口氣跑完 2 小時，但最後 60 分鐘是在跑感很差、身體很沉重、肌肉很僵硬的情況下完成的，那等於是在為自己養成不良的跑步技術、不好的跑步感覺與感受。所以只要覺得感覺沒有很好，就停下來休息，完全沒問題。我身為教練，倒是希望大家隨時喊停；同一次的有氧課表分成兩段、三段，甚至五段來跑都可以。然而，分段跑只是過程，最終的目的是：你可以在後面幾週的長跑中，全程都感覺到輕快，全程維持好的跑姿，不覺得局部肌肉緊繃，跟腱與膝蓋等都不再感覺不適。如果是這樣的話，那我們的目標就達到了！以這次的 2 小時長跑課表為例，若第 1 週跑到 60 分鐘後就會小腿緊繃，然後透過有氧間歇的方式，練到第 3 週時已經可以輕鬆愉快、完全沒有不適地連續跑完 2 小時，那你在 1 區心率的長跑課表中，就已達到「適應輕鬆」目標了。

【心法】

* 所謂「功夫」，就是「時間」；用功就是花時間在特定的目標上。想要練好跑步這門功夫，就要：花時間練好低強度、長距離的課表。

* 在「心→體能」中最需要的就是意志力。我們必須學會耐著性子慢跑：安於平凡、安於慢。這是一個跟「想跑快的欲望」戰鬥的過程，我們必須學習在慢跑過程中觀察與調整自己的姿勢，以接近正確的跑姿「慢」跑……慢到心能安靜下來，靜到你能像面對鏡子一樣察覺到自己動作的細微變化，以求技術的正確性。

* 慢與靜，是為了鏡觀自身、反求諸己。當強度太高或感到難受時，意志力就必須用來對抗負面情緒，此時鏡子就會起霧，動作的細節就會開始模糊。為了使鏡子保持清晰，我們必須先求慢。而且慢可以鍛造耐性，耐性是意志力的基礎。我們必須像打鐵師傅一樣慢慢地錘、靜靜地煉，才能打造一塊堅實的IRON WILL；透過慢與靜，我們正在打造堅若磐石的意志。

【課表】

間歇跑(Interval)──每一趟都是全新的！

【範例課表】

* 200m×5趟

　　200m間歇時間區間：32.62秒至34.62秒

- 400m×5組

　　400m間歇時間區間：1分11.70秒至1分15.80秒

【課表說明】

- 跑前需要充分熱身。依過去的經驗，在進行這類短間歇的訓練時，至少要熱身30分鐘以上才能跑出應有的品質，使速度技術的知覺獲得開發，並避免運動傷害發生。

- 有速度的間歇課表，最好在操場上或距離明確的場地進行，會比較安全。

- 在跑間歇時，不要使用跑錶的課表功能會比較好，因為你沒跑進去它就會一直發出警示（有時你都跑在區間內，跑得很穩，會警示是因為GPS遮蔽或繞圈的偏差造成的）。手錶的警示會造成干擾，使你無法專心跑步，則速度知覺的開發就會受到阻礙。

- 加速時請不要主動向前跨步，而是只要想著身體向前，讓腳步跟上即可。

- 組間休息：採「全休」或「散步走」，緩和一下，喝一點水，深呼吸，好好準備下一趟。若時間快到了還在喘，可以先停錶再多休息一兩分鐘，等身體都恢後過來了，想跑的心情較為濃厚後再跑下一趟，比較能跑出品質。休息時間長短不是本週期間歇訓練的重點，每次的速度都能跑出輕快感，有愈跑愈輕快

與放鬆的感覺才是我們的目標。不用刻意縮短休息時間。

【心理目標】

- 以輕鬆為目標。雖然剛開始練強度五區間歇的前兩週的最後幾趟會較為辛苦（痛苦），需要動用意志力撐下去，但後面幾週的痛苦感會逐漸退散。我們的目標不是一直痛苦，而是一週比一週輕鬆，所以後面幾週千萬別愈跑愈快，維持速度就好。這比想像中難，想跑更快時請要忍住，這是以間歇來練心的重點所在。我們練間歇的目標是：在高速下學習愈來愈放鬆。所以不要因為適應了就愈跑愈快，維持同樣速度，體驗到更輕鬆的速度感才是我們進行間歇訓練的目標。

- 千萬不要跑得更快，維持在課表的配速區間裡就好，你的目標是愈跑愈輕鬆，而非愈跑愈快。想跑快時要「忍住」，不要去追求痛苦或痛快，而是追求「輕快」。這是間歇課表能達到速度知覺開發效果（也是兩種意識在目標配速下和解）的關鍵所在。

- 先慢後快。有學員在練完400m間歇後的日誌中提到，「……對筆直路線比較沒有距離感，不太習慣，常常跑到300m過後就感覺自己開始在撐。」這代表該名跑者前面跑太快了，前面要再慢一點。也就是說，不論是何種間歇，每一趟也要設法去實踐「先慢後快」，以400m為例，前300m要慢一點，過300m之後還能跑出輕快感；一開始可能做不到，但在練過

幾次後要能慢慢做到，以此為目標。要先在每一次的練習中到「先慢後快」（包括短距離的間歇），之後在 5K、10K、半馬或全馬的比賽中也才能自然做到前慢後快的目標。

【練心技巧】

- 跑的過程中都不要看錶。在這種速度間歇中，如果看錶了，那就會分心，一定無法跑出自己該有的狀態和水準。前幾趟沒跑到配速區間內沒關係，把它當作一種遊戲，後面幾趟再修正就好。第一趟先抓一下速度，憑感覺跑，第一趟跑太慢或太快都可以，後面再慢慢修正，你的目標是最後一趟都能憑體感跑在目標的區間內。

- 每趟跑完，休息時間要充足，目前預設是 3 分鐘，但這只是預設，如果休了 3 分鐘完還在喘，可以停錶再多休 1 分鐘。

- 休息 3 分鐘期間，如果體能恢復得很好，可以做一些你每次熱身時都很喜歡的力量或技術動作，這些動作你會覺得做完後「跑感」特別好。如果覺得恢復時間不夠，可以延長 1 到 2 分鐘，等休息夠了，再跑下一趟。但切勿休太久，身體的速度感會流失掉。

- 該課表練到第 3、第 4 週，有些人可能會覺得愈來愈輕鬆，忍不住想再跑快一點。此時請特別注意：不要超速！輕鬆就讓它輕鬆，我們想要的是輕快。如果你已經能把這個速度跑得輕鬆，就再花一些時間適應它，讓它變成你的一部分。若太早加速，

這種輕鬆感會不夠穩固，之後會更容易離你遠去。所以，當前最重要的是維持輕鬆感！能輕鬆完成所有趟數是最好的，如果不行的話也沒關係，那代表下週還有機會進步。例如第3週的最後兩趟很辛苦，但到了第4週同樣的速度全部都可以輕鬆愉快的感覺完成，僅管配速一樣，但從練心與技術的視角來說，那就是很明顯的進步。

【心法】

- 一般人以為，有20年開車經驗的人必定勝過只開了5年車的，執業20年的醫生當然強過僅行醫5年的，教書20年的一定比只教5年的強。

- 這就錯了。心理學家艾瑞克森（A. Ericsson）在他的名著《刻意練習》（Peak）當中說到，一個人的表現一旦到達「可接受」的程度，動作成自然，再多花幾年練習也不會進步。甚至是，那些有20年經驗的醫生、教師或駕駛人，相較於只有5年經驗的，狀況很可能更差，因為那些已經自動化的技能並未透過刻意練習精進，反而逐漸退步。

- 想要不斷精進，必須改變，在技術層面上「嘗試新方法」。這種「改變」不只是指身體與動作，而必須連「形軀我」裡頭的東西都一起更新，才會發生本質性的變化。若只有外在改變，就像換衣服一樣，相對輕鬆，但其實「我這個人」並沒有變化，所以這並非真正的革新。「自我革新」的意義非常嚴苛，

甚至是非常殘酷的。在暢銷書《被討厭的勇氣》中提到關於「改變」的定義時表示：所謂的改變自己，意味著要放棄「眼前的自己」，否定「眼前的自己」，將它埋進墳墓裡，不讓它再度出現。除非做到這種地步，才會重生蛻變成「嶄新的自己」。所以許多人就算對現狀有許多不滿，依舊無法因此而選擇「死亡」，依舊不會試圖去改變。不管眼前再怎麼痛苦，也會想要「照現在這樣就好」。然後為了肯定自己的現狀，找尋「照現在這樣就好」的說詞去過日子。

- 了斷過去／自我改革，就像打仗，不是活下來就是被打倒。打仗時除了需要體力，也要有勇氣才能不逃離，才能選擇向舊的自己正面對決，把舊我幹掉，親手埋進墳墓。在高強度的間歇訓練中，多數時候好像是在跟自己作戰。戰爭是殘酷的，跟自己作戰時也是：新的我 vs 舊的我，只能有一個贏家。

　　要看間歇是否有做到適應輕鬆，我們可以看跑完間歇之後，心跳花了多少時間，才恢復到有氧閾值心率（70% HRR）。例如某跑者的有氧閾值心率為140，跑完間歇後心率飆高到180，在間休期間，心率從180掉回140的時間超過90秒。那就代表目前雖然跑得到，但這個速度跑者並未完全適應。

　　在大於800公尺的長間歇中，若恢復秒數太高，比較可能是「生

理」上的適應不良，例如血乳酸累積太高，或是代謝乳酸和其他血液中酸性物質的能力太差。而在100、200或400公尺的間歇中，若跑者跑得到設定的秒數，可是恢復時間很長，則比較多的可能性是「心理」上的適應不良，被驚嚇到，有點像是小朋友被人嚇到心臟怦怦跳個不停那種狀態。

再以雲霄飛車為例，假設兩人一起搭乘一種很可怕的雲霄飛車，下車後心臟還跳個不停，其中一人花了90秒才能掉回有氧閾值心率，就代表這個飛車對他而言超級可怕；另一位乘坐者下車後不到30秒心率就掉下來了，代表他的驚嚇程度低很多。

下一頁以KFCS學員在200m間歇課表的數據為例，他在第一趟200m的恢復秒數就高達88秒，代表目前這個速度還很不適應。這也正是我們要訓練的重點，讓身心「不怕」這個速度，接著慢慢從「不怕」變成「適應」，再進入「感到輕鬆」。

一般來說，不論是何種課表，我在安排間歇趟數的時候，第一週的趟數都會非常少，有不少學員會感覺到趟數有點太少，跑完覺得不太累，因此普遍的疑惑是：「跑到課表要求的速度，每一趟都跑得到後，是否可以增加趟數？」其實，趟數就是要少，就是要感覺輕鬆，才能夠開發到該有的速度知覺。如果趟數太多，跑到很喘、很酸的話，就只能練到體力而已，速度技術的知覺反而不容易開發得出來。

另有些人會說間歇訓練完還有體力，感覺沒盡力，但每一趟跑完的最大心率很高，恢復心率很慢，或是每一趟跑到一半就已經有「要硬撐下去」的感覺了（有這種感覺代表有一種想逃到終點之外的心

KFCS 學員在200m間歇的數據

❶ 動態熱身30min

❷ 赤足慢跑2K（配速：5:27）

❸ 主課表200m×5趟（目標時間區間：32.62秒至34.62秒）

❹ 以下是在操場以釘鞋跑出5趟的時間，每趟中間休息3分鐘

【主課表的執行情況：200公尺，5趟】

　　1：32.07秒，恢復時間 88 秒

　　2：32.99秒，恢復時間 84 秒

　　3：33.70秒，恢復時間 88 秒

　　4：34.35秒，恢復時間 88 秒

　　5：34.22秒，恢復時間 --

❺ 赤足慢跑2K（配速：6:32）

❻ 伸展收操15分鐘

RQ白金會員的「分段資料」數據中，可自動分析每趟間歇的「恢復時間」，它是指跑者該趟間歇完成後心率從最大值降到儲備心率70%所花的時間。如下一頁圖10。

圖10　每趟間歇的恢復時間

RQ″ RUNNING QUOTIENT

分析圖表	區段分析 白金	分段資料	詳細原始資料	RQ檔案

分段	公里	時間	累計時間	配速	最快配速	心率	儲備心率%	最大心率	白金 恢復秒數
已選擇	0.76	33.28	02:13.1	2:55	2:27	152	70	176	87
1	0.19	32.07	0:00:32	2:49	2:27	145	65	168	88
2	0.27	3:00.0	0:03:32	11:07	2:34	151	69	176	0
3	0.19	32.99	0:04:05	2:54	2:31	150	69	176	84
4	0.25	3:00.3	0:07:05	12:01	2:44	152	70	178	0
5	0.19	33.70	0:07:39	2:57	2:30	157	73	173	88
6	0.25	3:30.1	0:11:09	14:00	2:51	150	68	178	0
7	0.19	34.35	0:11:44	3:01	2:33	156	73	171	88

情）。以上，都代表還沒適應輕鬆。當這些表徵出現時，我會建議間歇的趟數都先不要增加，保持原趟數。

　　這並不是指間歇課表完全都不增加趟數。之後的趟數還是可以增加，不過要先判斷已經做到適應（輕鬆）之後才會增加。有些跑者雖然間歇課表中的配速跑得到、趟數也跑得完了，但是還不夠輕鬆。所以我都會建議，等感覺夠輕鬆之後再來增加趟數。

　　還有的學員會發現，自己有某些間歇跑不到。此時就應當要減少趟數。例如原本400公尺的間歇跑不到，那趟數我就會從5趟減成3趟，並提醒學員：「第1趟可以特別跑慢一點，在第1趟就要允許自己可以跑得比下限還要慢都沒有關係。把第1趟當參考座標，心裡面不要求自己第1趟就可以跑進去，這樣比較容易做到漸入佳境。」

【課表】
變速跑(Fartlek)── 透過速度遊戲學習主動放慢！

【範例課表】
- 變速跑60分鐘：｛全馬體感 15 min + 恢復跑 5 min｝× 3

【課表說明】
- 這份課表沒有明確量化的強度要求，全憑體感跑（這是刻意的，目的是讓你練習在比賽時不被數據綁架）。總共分為兩種強度：

　　1）全馬體感：想像自己正在跑全馬，跑到課表規定的時間（例如範例課表的15分鐘）。整個過程中都應該有信心，自己可以持續下去，把這個階段跑完。

　　2）恢復跑：放鬆，使自己的身體比「全馬體感」更舒服、更自在。要能在課表規定的時間內放得更輕鬆，最好能感覺到身體有某部分變得更放鬆。

　　請把以上這兩種強度反覆交替3次。

- 你的目標是學習在全馬比賽的過程中，透過「主動放慢」來讓身體能主動放鬆，以便重回到全馬強度。

【心理目標】

- 當作速度遊戲，在快慢之間，觀察身心的變化。感覺到的變化愈細膩，你將體會到愈多樂趣。

- 若是剛開始練習，在恢復跑階段可以先放慢到接近原地跑，很慢都沒關係，重點是要在「主動放慢」中感覺到緊繃感消失。先要感覺到「由緊到鬆」的變化，感覺到之後，接著是找到仍可感覺到緊繃感消失速度「上限」——也就是下次練習，可以在「恢復跑」時再快一點點，看可否達到同樣的效果。如果可以就再快一點，去慢慢找到你可以達到相同效果的「輕鬆上限」。

【練心技巧】

- 總共變速循環兩次，要一次比一次快，所以第一趟要跑慢一點，最後一趟結束時比較容易感覺到輕快，以愉快的感受結束當天的訓練。

- 若當天狀況不好，恢復跑可以跑慢一點，並在下一趟回到全馬體感前10秒跟自己說聲：「謝謝你！辛苦了！」

- 若當天狀況很好，要避免「貪快」的心跑出來。跑步時可以拍拍自己的頭或肩膀，安撫一下自己，輕聲告訴自己「別急！別貪快！我們一起愉快地跑完就好！」因為在比賽期跑全馬比賽配速時，特別容易對成績產生欲望，尤其在狀況好的日子會想要跑出漂亮的速度，此時更要忍住，壓住躁進的心。

【課表】

全馬體感強度跑(Marathon Pace)——強化全馬體感的信心！

【範例課表】

- 全馬體感跑25K

【課表說明】

- 這類課表大都會排在全馬比賽前的一個月，目的是讓跑者學習掌握全馬體感，使他們上場比賽時可以不看錶（戴錶是為了紀錄比賽數據，作為事後分析用），不跟隨配速員，只靠自己，

獨立跑出一場精彩的比賽。

- 課表不給定明確的心率區間或配速區間，憑感覺跑。只要一感覺到身體局部緊繃，就要放慢 3 到 5 分鐘，等身體的緊繃感消失後，再慢慢回到自覺可以跑完全馬的體感配速。
- 以「距離」為課表長度的設定，目的是讓大家對距離比較有感覺，有助於長距離比賽時用「距離」來分配體力。

在這類以距離為單位的長跑課表中，我會在學員的跑錶中設定距離區間。以上述這份 25K 的全馬體感長跑範例課表為例，設定了 5K、5K、5K、5K、5K 的分段，協助學員們上傳到跑錶。如此一來，跑錶會分段提示「距離」，可以協助跑者專心跑（不看錶），只用距離（的提示）來分配體力。

前三個 5K 一定要夠慢、跑得夠保守，才能做到「先慢後快」。當你在這類課表中的後半段能維持輕鬆感且愈跑愈快，你的全馬信心將大增。

【心理目標】

- 跑完課表設定的距離後，仍要「有信心」可以繼續跑下去，最好是仍然「想要」繼續跑下去。為了達到此一目標，你要認真傾聽身體的聲音，並在身體發出警告時，給予身體即時的回饋。意思是：只要一感覺到身體局部緊繃，就要放慢 5 分鐘，你的目標是在這 5 分鐘之間放鬆掉原本感到緊繃的部位。

- 所以在進行全馬體感長跑的過程中，有點像是不斷在做微幅的變速跑，只要感覺到哪裡有一點不對勁了（例如呼吸變急促、某些肌肉變緊繃、肩頸變硬、膝關節有一點緊、腳跟不適等等任何不適反應），就應「立即、主動放慢」，直到不適反應消失了或減緩了，再慢慢回到原本的全馬體感強度。這邊是指回到全馬的體感「強度」，不是「配速」，同樣的體感強度，配速可能會很不一樣。回去前面的全馬體感強度時，只要感覺一樣就好了，不用特別在意速度。

- 切記：你的目標是跑完長跑後，「仍有信心」或「仍然想要」繼續跑下去。有目標本來就不一定能做到，但目標要非常明確，並努力去達成。

- 當天跑完後可以從配速數據來看一下今天「主動放慢」幾次，並把它紀錄下來。透過檢視放慢的次數，有助於你學習這種長跑過程中「主動放慢」的技巧。

我曾研究過多位國際頂尖菁英馬拉松跑者的全馬比賽數據，他們在比賽中看似配速穩定，其實他們在比賽中不斷在進行微幅的變速跑，有時會刻意放慢 200 到 500 公尺，接著才會回到原本的速度。這類主動的減速是一種動態的放鬆過程。

為什麼他們要這麼做？道理很簡單：在全馬的比賽中，如果不主動放慢，就很有可能發生被動降速的結果——也就是跑者俗稱的撞牆、爆掉、跑崩。

這項技巧的能力高下取決於「覺察力」。要先能發現身體已經有些微的異樣或狀況——例如動作變得比較不順暢、落腳變鈍、肌肉變緊繃、呼吸聲變大等。要能早期發現，才能執行主動放鬆。

要執行「主動放鬆」，最簡單的做法是放慢速度，這種方式是每個人都可以做得到的。另一種比較高級的技巧是透過技術或呼吸的微調來達到放鬆效果。剛開始練習時，不妨直接採取降速的方式，會比較容易。

【課表】

休息日—知足不辱，知止不殆，可以長久（《老子》第四十四章）

休息，是訓練的一部分。最好在每週挑出一天，養成固定「休息日」的習慣。當天最好也把工作排開，讓身心都能好好放鬆。

休息日通常會安排在比較重量級的課表之後，它有助於「吸收」前幾日認真訓練的成果。如果沒有好好休息的話，多少會浪費一些之前的訓練的效果。

主動休息，也是一種讓「想練的心情」變得更為強烈的方式。

訓練過程中若發生傷病，也要立即停止，並於接下來幾天改排休息日。傷病與疼痛皆非壞事。它們是身體發出的警告，我們要正視這個警告，並立即停跑、停練，休養之後再繼續，切勿抱病、忍痛或負傷訓練。

聽到警告，就好好休息，不然後面身心很可能會反撲，隨之而來

的可能是更嚴重的處罰。

【心態設定】

- 知足：練夠了就好，不要一直想愈練愈多。
- 知止：感覺到練多了、練累了或是有疼痛或傷病了，就要立即停止訓練。

真的想在休息日做些什麼的話，可以用滾筒進行自主按摩，按摩時專注吐氣，皆有助軟組織放鬆。身體鬆了，心中的某些結（執著心）也比較容易跟著被解開。

進行自主按摩時，請不要按壓到有明顯的痛感，這是在傷害自己，也會增加心理壓力，無助於恢復和放鬆。按壓壓力應使你有一種舒爽的感覺，所以壓力要控制得當。我們要的是恢復，而不是「痛」，「痛」是一種警告，以按摩來說就是在警告你太用力了，要小力一點。

【課表】
熱身與收操 — 復歸於嬰兒（《老子》第二十八章）

熱身課表的優先級大於主課表。若因為工作或家務，訓練時間有限時，請先以熱身課表為主。例如今天是要跑40分鐘的有氧跑，加上26分鐘的熱身和12分鐘的收操，總計至少要78分鐘的時間來訓練；

但因為臨時有工作只剩下50分鐘可以訓練，那請你先做26分鐘的熱身課表，接著跑24分鐘的有氧跑。不要跳過熱身。

　　但這只是退而求其次的做法。我們在平常就應提早規劃訓練時間，除了主課表外，也要把熱身和收操的時間都算進去，再多加10到20分鐘餘裕，這樣練起來心裡比較不會有很趕、很有壓力的感覺。當你訓練的時間被壓縮到很趕的時候，心理變急躁之後，那當天的訓練品質一定好不到哪裡去。

　　「熱身」不只是為了潤滑關節、使血液流進肌肉裡、讓身體開始燃燒儲能（尤其是脂肪）、開始專注以提高速度與技術知覺，也是為了「熱心」──啟動想跑的心。「不想出門練跑」是人之常情（例如寒流的清晨），此時的熱身除了讓身體熱起來之外，也是在讓自己變得比較想跑、比較想練。這對開發技術知覺來說相當重要，因為唯有「想跑／想練」，技術知覺才發展得出來。

【熱身流程】
❶ 關節操 → ❷ 力量啟動 → ❸ 跑步技術 → ❹ 快步跑→ ❺ 慢跑

　　❶ 關節操：5至8分鐘。這個環節是為了幫助跑者優化關節活動度，每次熱身都做，透過這種少量多餐的方式，讓跑者能慢慢改善或維持關節的活動度。

　　❷ 力量啟動：4至6分鐘。把重要的大肌群啟動，並使身體的上下半身進行整合。

❸ 跑步技術：6至9分鐘。目的是為了先提高跑者的技術知覺，有利提高主課表的訓練品質，使跑者能逐步提高跑步效率。

❹ 快步跑：4至6分鐘。把前一環節發展出來的技術，整合到跑步動作中。最後這個環節的目的是「整合」，將流程一至四加以整合，並刺激神經肌肉反射，以便把當天的落下角度開到最大。

❺ 慢跑：3至5分鐘。若當天課表是間歇或節奏跑，這個環節就相當重要。因為前面快步跑的配速很快，如果直接進入主課表，很容易在第一趟爆衝，而無法做到前慢後快的目標。若當天的課表是長跑，可以跳過這個環節。

整套熱身流程大約：22至34分鐘。

收操是為了幫助大家找回好的跑姿，讓身體重新連結，並以一個較好、較舒服的感覺做結尾，讓身體有一個比較好的印象，有助於下一次訓練前比較容易有著「想跑的心」。

【收操流程】
❶ 跑步技術 → ❷ 慢跑 → ❸ 3D呼吸加伸展

❶ 跑步技術：6至10分鐘
❷ 慢跑：2至5分鐘

❸ 呼吸伸展：4至10分鐘

整套熱身流程大約：12至25分鐘。

　　熱身和收操都很重要，如果你有累計每週訓練時數的習慣，請把熱身與收操計算到訓練時數裡。因為它們能確保活動度、肌肉的放鬆程度以及想練的心情，所以應跟里程數同等重要。

天冷的課表

　　說實在的，臺灣潮濕悶熱的環境，並不是很好的長跑訓練環境。一份同樣的課表，在冬天的訓練效果通常較佳。但很多人很怕冷，很排斥在寒流、下雨天或太冰冷的環境下跑步。

　　大學時代我在游泳隊訓練時，印象最深刻的痛苦時光，莫過於寒訓，10多度的氣溫還要把層層外衣脫光，換條泳褲跳到水裡游上2個小時，每次練到最後都會嘴脣發紫，全身抖個不停。有次學長問我：「你怎麼那麼怕冷？」我下意識的回說：「我只是覺得很冷，但我不怕冷。」從那之後，每當游泳隊寒訓的時候，「不怕冷」的自我宣言總是一再在腦中出現。我至今還記得他看我的表情，以及我當時回答的心情。這種心情一直延續到讀書、做研究與離開學校後的工作與訓練的心態上。

「感覺冷」與「怕冷」是兩回事，前者是皮膚的感覺或體溫快速流失的感受，而後者是指心理上一種膽怯的情緒。在身體不會失常的狀況下，很冷所以無法跑（或無法下水）、很熱不想跑、太辛苦了跑不下去等等，都只是因為自己內在缺乏勇氣，膽怯了，就輸給自己了。

「怯」這個字等於「心＋去」。「去」有躲避與逃離之意。《說文解字》中的「去」字，是從犬，去聲，意指：躲狗而逃的害怕情緒。在跑步時，跑者常會碰到被狗追、怕被狗咬的場面。古人造了個「怯」字來表達「狗追你時想逃跑」的情緒，之後衍生成「人在面對挑戰與威脅，因為懼怕而產生一種想逃避、畏縮的心態」，例如在戰場上「怯戰」，或是在舞台上「怯場」，而「怯聲怯氣」則在形容從一個人說話時的語氣聽得出膽小害怕的樣子。

「怯」的相反詞是「勇」。我們常把不順利的事，歸咎於外在的天不時、地不利、人不和，但很多時候其實都是因為自己缺乏勇氣。所以孔子說「不怨天，不尤人」。原本我以為這句話的意思是，自己的人生自己負責，後來才明瞭孔子要表達的重點不是「被動承擔『責任』」，而是「主動運用『權利』」。換句話說，我們不用受制於外在環境，我們隨時有權選擇改變、選擇行動、選擇往預設的目標邁進——不管目標是在十幾度的凌晨出門訓練，或下水練習。低溫和訓練都讓人感到很痛苦，但我可以選擇不怕。

愈冷，愈要早起訓練。因為這是利用勇氣來鍛鍊意志力的最佳時刻。怕了（冷），就輸了！

感覺很冷沒關係、感覺很痛苦也沒關係，不要怕它，要直接面對

它，在心裡大聲對自己說「我感覺到苦，但我不怕！」其實，最怕的時候反而是待在家裡的時候，只要採取行動踏出家門，潛意識就會感覺到沒那麼可怕了（很多擔心害怕是想像出來的），而且愈跑愈舒服。不久後，你反而會愛上在冷天跑步的感覺，那是一種用自己身體儲存的能量來溫暖自己的幸福感。

寫日誌：一種自我對話的過程

我們前面提過，能量在身心之間的循環關係是：

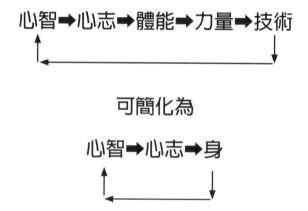

當跑者在寫日誌時，有如透過旁觀者的角度去「觀察」自己的訓練過程。透過書寫，即是運用「心智」，讓能量從身返回心智，這是一種重要的進步過程。

跑者的訓練日誌跟一般人寫的日記，最大的差別在於前者是以

「跑步」為載體，透過書寫來覺察「身」與「心」。一般人寫日記時或許較少關注身體，大都是「心」和「生活」的紀錄，當然也是與自己對話，只是日記中的自己，很常忽略身體，或者說不會去注意到身體的感覺與感受，那也會無法真正打開身體該有的潛能。

　　一般跑者比較少注意到要去「呵護跑步的心」。跑步一直被當作是一種「吃苦」的訓練，這並沒有錯，「吃苦」很好，訓練不可能不辛苦，但訓練不能只有辛苦，我們一樣要去照顧到「內在小孩（自我2）」的需求，要呵護她、關心她，不能一直逼她，要她一直吃苦。否則總有一天她會不想理你，會想離家出走。

　　每次訓練營我都會建議學員要寫日誌。有位學員寫道：「期許自己這梯繼續保持跑步寫日誌，與自己對話，覺察身心變化。」因為他本來就沒有寫日誌或訓練日誌的習慣，所以我建議他寫日誌要「先求有」，先以三句為目標，只要寫到三句就算達標，這樣每次書寫都不會有壓力。

　　至於想要認真練跑的嚴肅跑者，我一定會要求寫訓練日誌，因為「心」是我的訓練框架中的最底層元素。

　　想要提高運動表現，必須先使心志／心智、體能、力量、技術這四個元素之間的能量可以順暢流動。若單一元素內、或元素兩兩之間有衝突，運動表現就會受限。因此，化解衝突、使其和解，就成為我訓練跑者的基本目標。

　　「心」作為連結四個元素的關鍵，化解心中的衝突就是最重要的事。想要化解衝突，首先要能先「覺察」，這樣寫日誌的當下或下次

訓練時才有機會化解衝突。

　　「寫日誌」不只是一種與自己對話的過程，也是一種透過「輕聲馬語」的溫柔方式，跟自我2溝通的重要過程，它有助於兩種意識的合作。在《羅曼諾夫博士的姿勢跑法》中有一段話，可以進一步詮釋寫日誌的目的：身體中各層級的組織都會受到意識和潛意識的交互作用，身體的每一個部位都有獨自的目標和需求。因為它們試圖透過同個生命體，完成各自的目標，所以意識和潛意識之間的衝突在所難免。為了使你進一步成為一位跑者，必須讓兩種意識停止爭執。為了停戰，你的意識一定得先理解潛意識是如何運作的，所以跑步日誌就成了聯繫彼此之間的橋樑。書寫跑步日誌是保持內心平靜並達到最佳運動表現的關鍵之一[20]。

日誌格式

　　下面是我建議書寫的日誌格式：

　　❶ 訓練內容：可以依照順序寫，包括熱身、主課表與收操的內容。憑記憶寫，邊寫腦袋會邊回憶動作，有助於身心整合。

　　❷ 感覺：有哪邊覺得緊繃嗎？發生在何時？過程中有改

善嗎？何時改善？或收操時有消失嗎？亦或是從頭到尾都存在？

❸ 感受：心情如何？從開始熱身到收操結束過程中有何變化？例如熱身前身體還很沉悶，熱身後身心逐漸開朗……

❹ 期待：哪邊還可以做得更好？或是覺得自己哪邊做得很棒，下次希望可以繼續保持？

❺ 心得：今天有學到什麼東西嗎？除此之外有什麼其他心得嗎？或是產生某些問題？

❻ 目標：把下次訓練目標寫下來。透過書寫重新回顧訓練過程也是為下次訓練做好準備的一種方式。

　　若有寫訓練日誌習慣，可以特別加強上述感覺與感受的部分──這些是我們開發技術知覺，以及整合兩個自我目標的重要關鍵。寫日誌對跑者的技術與心的訓練來說至關重要，若平時很少寫，建議一開始不用完全照著上面的格式，可以給自己限時3分鐘，想到什麼就寫什麼，3分鐘到了就停筆，先不要寫太多。在沒有太大壓力的情況下，比較容易持續與養成寫日誌的習慣。等你養成了寫日誌的習慣後，再允許自己延長時間。

賽前課表：愈跑愈保守

在週期化訓練的課表中，只要身體恢復得不錯，課表吸收得了，最後一週期（比賽期）的狀況通常都會有愈來愈好的趨勢，這是好事，但通常也很容易出狀況。因為比賽期後半段會減量，減量後身體狀況變好；身體狀況變好，心理的知覺敏感度變高。身體狀況爬到巔峰後，跑者很容易拉不住自己，一不注意就會跌山谷，發生不預期的傷害。所以在賽前減量期，一定要注意下面幾點：

- 跑得更加保守
- 更加去「虛其心」，不要因為狀況變好而過於自滿
- 更加去「弱其志」，別給自己過多期待
- 訓練時應跑得更加放鬆

比賽期最後的減量週，很容易太躁進、太自滿、太多雄心壯志跑出來。這些急躁的、自滿的、期待的「心」跑出來，就會造成身體的緊繃，甚至產生不可預期的突發狀況，如膝蓋、腳踝緊繃和疼痛，甚至是拉傷，或是心理的挫折。但如果可以做到「虛其心、弱其志」（《老子》第三章），剩下的課表跑得更加保守與放鬆，將有助於比賽中的正常發揮。

最後我也常常建議訓練營的學員：前比賽期的訓練之中與訓練之後，都「不要去計算」到時比賽要跑的配速和成績。因為那樣會使心志太過執著在數字上，進而防礙自己在比賽中跑出真正的實力。

【第 8 章】

比賽：認識自我

把比賽當作新的實驗

選定了目標賽事，由自己或專業教練設計一份週期化訓練課表，而你也好好地把這份課表吃完了。接著，有些跑者通常會覺得很緊張。愈是認真準備，對成績的期待也會愈大。

我們要用什麼樣的心態來面對比賽，才能發揮自己該有的實力呢？

我在 2015 年曾在上海擔任過馬拉松訓練營的主教練，訓練 16 週後，共有 100 位跑者共同挑戰參賽上海馬拉松。其中一位學員李書彪，在賽前原本的最佳成績是 5 小時 16 分，在經過 4 個月的訓練後跑出 3 小時 52 分。不只是外在的成績進步非常多，他內心的體驗更是寶貴，下面是他賽後的心得：

了解跑步的科學之後，我跑步不再感覺無聊，也不再聽歌來振奮自己多跑一會兒，因為我覺得跑步是一件嚴肅有趣的事。

好比你要去做一個「化學實驗」，需要認真觀察反應現象。我會仔

細傾聽身體的聲音，與身體對話，及時滿足身體需求；我會時刻檢視自己的跑姿，完成的動作是否標準，下一個動作我該如何調整。

上海馬拉松比賽時，當距離過了38K之後，沒有抽筋，終點就在眼前，心裡懸的石頭終於落地，破四有望了。

3:52:35跨過終點計時毯，沒有興奮，沒有瘋狂，只有一如既往的平靜。總感覺比賽的過程中很忙，心裡必須專注在許多細節上面，時間過得很快，儘管已經到達42K終點，仍然感覺上一秒還在起點。或許這就是真正的享受跑步吧。

這段心得很簡短，但非常的精彩，也完全符合本書所有傳達的「練心」目標，特別是把比賽比喻成「化學實驗」，十分恰當。

如果賽前幾個月的訓練很扎實，進步很明顯。經過賽前一到三週的減量訓練後，比賽當天你將成為一個「全新的自我」，目標賽事當天的過程好比一個新的化學實驗。賽前你根本不知道自己可以跑出什麼成績，若硬要設定比賽目標成績或預定配速，結果可能只是給自己設限，或是把自己逼到爆掉。

當你為了某場比賽準備得愈久愈充分，你就會愈無法掌握該場目標賽事到底可以跑出什麼成績。比賽當天的狀況與完賽成績是個未知數，從起跑到進終點的所有過程好比一場新的化學實驗。你可能是初馬，也可能是馬場老手，但當天的跑力、身體狀況、溫度、濕度、路線等各元素形成了一個全新的組合，它們好比一個化學實驗中的各項變因，因為是第一次嘗試，所以你不知最終的實驗結果會是什麼。

　　所以，當你在心態上把比賽當作新的實驗，你的心將從控制與追求成績中解放開來，改以一種「好奇的心態」去觀察自身與賽道的變化。觀察，將會是你的主要用心所在。

少控制，多觀察

　　有一位訓練愛好者讀了我的著作之後，因為訓練碰到瓶頸，所以私訊我幾個問題，也跟我在線上有了很棒的討論。下面是跟「觀察」有關的內容，有助大家理解比賽中「控制」與「觀察」之間的關係與差異。

　　我當時判斷這位讀者 Je 所碰到的主要問題是，他想要控制太多細節了，所以身心變得過於忙碌，使得好的技術無法維持太久。我建議他「盡量少控制，多觀察。」

　　Je 讀者：「好哦。少控制的意思是？」

　　我進一步解釋：「除了熱身，在跑動當下，少去下指令做動作。讓動作自然發生，頂多微調大方向一、兩秒後，就再順其自然讓動作自然發生。你只是站在第三方的視角去觀察自己的動作、感覺與感受。『少控制』不是『不控制』，而是減少控制的時間和頻率；『多觀察』好比靈魂出竅般站在第三方的視角去觀察自己的動作、感覺與感受。」

　　Je讀者：「如果一直是錯的習慣。『少控制』會不會就改不回來？」

　　「這是改技術時比較弔詭的部分，一直不停地控制，反而無法把技術開發上去。『少控制』且『多觀察』後，身心反而有餘裕、有空間去『開竅』。就像小朋友，他們其實控制能力沒有大人好，但觀察能力很好，所以他們的跑感比較容易開發出來。人長大後，想要一直控制，跑步技術就因此受阻了，這是我研究到後來的結論之一。」

　　Je讀者：「所以不控制反而好改？」

　　「不是『不控制』，是『少控制』。『少控制』跟「不控制』不一樣，是指減少控制的時間和頻率。這中間是有差別的，非常重要的差別。有點像我家小朋友剛學會自行車時，有時快跌倒了，我幫她控制一下把手後，就繼續放手讓她自己騎，就幫她控制那麼一兩秒，然後一直觀察她的動作，一有危險快撞到東西了，就再幫她控制那麼一兩秒，我專注在『觀察』和『偶而協助控制』。是類似這個意思。如果我幫她一直抓住自行車的把手，那她就永遠學不會。所以要『放手』，適時從旁協助，少控制。」

　　Je讀者：「謝謝老師！有豁然開朗的感覺！」

「享受比賽」需要特別學習與練習

沒有認真訓練的人是無法在全馬比賽中體驗到享受的感覺，他們感覺到的只會有痛苦而已。在全馬賽道上「享受比賽」，是認真訓練者的特權。

過去我聽過很多跑者說要在全馬中去享受比賽，但很常只是嘴巴上說說而已，在賽道上最後還是跑到很痛苦。很多跑者並不是訓練不夠，而是他們認為就是要跑到痛苦，才算盡力，才對得起自己。他們不知道的是，在不痛苦、不抽筋、不掙扎的情況下不只可以跑得更享受，而且反而可以跑出更好的成績。

在 2022 年全馬訓練營的週期測驗中，有位學員在測後後的日誌中提到：「這次測驗能維持速度，到最後還能加速，是以往長跑經驗所沒有的，感覺很棒。」這位學員說他之前測驗或參加比賽時都沒有好好地享受比賽，他說：「（每次比賽或測驗）只是想著要跑多快，要破自己先前的紀錄，每次賽前準備也不是很充份，都是自己看書或看著別人怎麼訓練然後跟著練。結果每次起跑都跑太快，到中後半段就沒力了，只能勉強維持速度，甚至抽筋只能半跑半走，成績也已經好一段時間沒進步了，於是固定的報名比賽只是一種讓自己持續練跑的習慣，但始終沒有感受到比賽的樂趣。每次跑完感覺都是很累，過程痛苦的完賽。經過這次訓練，我體會到了什麼是用體感來跑比賽，而不是用先前的看手錶追著速度，或者只是跟著配速員的跑法，這前後真的是有很大的差別。我也了解到了為什麼像基普喬格這樣的菁英跑

者，在破全馬世界紀錄那場比賽的後半段還能加速，甚至是微笑地跑進終點──這完全就是把體感及自身優勢發揮到極限的跑法。所以在經過訓練以後，期許自己在往後的比賽當中都能享受比賽，微笑的跑進終點。」

我跟這位學員說：「享受比賽」是需要特別學習與練習才能做到的，並不是什麼都不做或是用盡全力去跑就能體驗到，這是大部分人比較沒有認識到的部分！

因為認真練習，才能享受比賽。沒有認真訓練準備全馬的人，是沒有資格享受一場全馬比賽的！這跟「你需要很努力，才能顯得毫不費力」的道理是一樣的，我們需要夠努力才能真正享受比賽。但「很努力」還不夠，跑者在「心態」和對於「全力以赴」的理解，也會使比賽的體驗分別往「痛苦」或「享受」不同的兩端移轉。本書強調的訓練與比賽目標是：同樣可以跑出該有的成績，但同時讓痛苦成份少一點，享受的感覺多一點。

一場 5K 測驗／比賽的引導

這場測驗中，參與者要戴錶，但過程中不要看錶，練習不依速跑錶，純憑體感來跑。

正式起跑前，請在心態與體感上做出這樣的準備：以「找、穩、忍、快」四個字，引導自己進行此次測驗。

測驗前一定要充足熱身，在熱身環節中建議把環節 1 的關節操

（見上一章關於熱身的部份）重複做2次，而慢跑延長至5到10分鐘，多點時間比較能把輕快的跑感帶出來，最後的快步跑則維持不變。

　　測驗的場地是400公尺的操場，把5公里的距離區分成以下四個段落：3圈—3圈—3圈—3圈。每跑完一個段落就給自己鼓勵，你可以在心裡對自己說「（叫自己的名字），就是這樣，你做得很好」，也可以拍拍自己的肩膀，對自己說「第一個3圈跑得很好」。

　　再來，請在心理上把第9圈結束（亦即，第三個段落的結束）當作「中點」，也就是跑完了3.6公里，才在心態上當作「跑完一半了」，而且第10圈之後還有一半才剛要開始。

- 第一個3圈要「找」：尋找呼吸順暢的極限速度。所謂「呼吸順暢」是指口鼻一起呼吸時，雖然聽得到自己的呼吸聲，但聲音不大，而且胸口沒有明顯的緊迫感。用3圈的時間來尋找你自己可以維持順呼吸、胸口沒有緊迫感時的最快的速度。

- 第二個3圈要「穩」：穩住前一階段找到的狀態與節奏。讓你的呼吸在這3圈中不要亂掉，專心把節奏維持住，不要管配速和時間。此時像是在走半空中走鋼索，稍微失去平衡時就要「及時」回穩。不要急，此時求的是「穩」。

- 第三個3圈要「忍」：若前面夠穩，這裡可能會開始累積疲勞和產生痛苦，也可能會開始想加快。通常這時會產生一種「想

快點跑完的心理」。雖然已經在臨界線邊了，卻會不自覺加速，這種求痛求快（求痛快）的心理是此時最要避免的，這是一種想要「逃到終點之外」的心態，以「逃跑」心態來加速會帶來災難！所以要「忍住」，因為還沒到一半（第9圈結束才算一半）。此時反而要刻意壓下想要加快的心情，過了第9圈的「中點」之後再來發揮。

- 第四個3圈要「快」：測驗的下半場開始。這三圈的每一圈都微微加快。注意，是微微加快，而且要一圈比一圈快一些，所以每一圈都不能加快太多。這三圈你的呼吸聲會變大，胸口壓力也會變大，但呼吸仍要有節奏（呼吸如果失去節奏就要果斷放慢一些），此時一切仍在你的掌控之中，不應該會有強烈想要放慢的念頭一直出現，如有的話就代表你加速太多了，要收一點速度回來。

- 最後半圈：用你第12圈的速度維持到終點，不要衝刺，維持到終點就好。

一場10K比賽的引導

這場比賽中，參與者要戴錶，但過程中不要看錶。

正式起跑前，請在心態與體感上做出以下的準備。心態上：把10

公里分成四個段落：2.5公里—2.5公里—2.5公里—2.5公里。每跑完一個段落就給自己鼓勵，你可以在心中對自己說「徐國峰，就是這樣，你做得很好」，也可以拍拍自己的肩膀，對自己說「第一個2.5公里跑得很好」。

　　再來，請在心理上把第三個「2.5公里」結束後當作「中點」。也就是說，跑完7.5公里才當作跑完一半，後面還有一半才剛要開始。

- 第一個2.5公里要「找」：尋找呼吸順暢的極限速度。所謂「呼吸順暢」是指口鼻一起呼吸時，雖然聽得到自己的呼吸聲，但聲音不大，而且胸口沒有明顯的緊迫感。用2.5公里的時間來尋找自己可以維持順呼吸、胸口沒有緊迫感時的最快的速度。

- 第二個2.5公里要「穩」：穩住前2.5公里找到的狀態與節奏。讓你的呼吸在這2.5公里中不要亂掉，專心把節奏維持住，不要管配速和時間。此時像是在走半空中走鋼索，稍微失去平衡時就要「及時」回穩，不要急、此時求的是「穩」。

- 第三個2.5公里要「忍」：若前面夠穩，這裡可能會開始累積疲勞和產生痛苦。通常這時會產生一種「想快點跑完的心理」，或是想要折磨自己、讓自己快點解脫的心理，使已經在臨界線邊緣的你，不自覺加速。這種求痛求快（求痛快）的心理是此時最要避免的，所以要「忍住」，因為還沒到一半（還不到第

7.5公里）。心態上，跑完7.5公里才算完成一半。此時反而要刻意壓下想要加快的心情，過了「中點」之後再來發揮。

- 第四個「2.5公里」要「快」：測驗的下半場從這裡開始。此時可以微微加快。注意，是微微加快，不要一下子加快太多。最後一公里時你的呼吸聲變大，胸口壓力也變大，但呼吸仍有節奏（呼吸不能失去節奏），一切仍在你的控制之中。此時不應該出現強烈的想要放慢的念頭，如有的話就代表你加速太多了，要收一點速度回來。

- 最後幾百公尺：不要衝刺，維持你能維持順暢呼吸的最高速度就好，跑到終點就好。

請再仔細回顧一下上面的說明。在心態上，要把7.5公里當作測驗的「中點」，前7.5公里的目標是用「不會喘氣的最高速度」的節奏來跑，只會到深層呼吸的地步，一覺得呼吸節奏跑掉就要放慢一些。跑的過程中不要看錶，專心跑步，專注在保持節奏，專心在呼吸的頻率。若呼吸亂掉，就要慢下來讓呼吸自行調整過來。前面必須保持住，最後的2.5公里要能微微加速，配速要比前面快一些，但依然不看錶，只憑感覺微微加速。

全馬賽事前的建議

賽前一天

先準備好比賽用的「裝備」與要吃的「早餐」。你要戴什麼？要穿哪雙鞋？哪件跑褲和跑衣？要吃什麼？（早餐／賽前補給）。舊的比較好，千萬不要嘗試任何新裝備或新食物。比賽當天的跑鞋、襪子、跑褲、衣服、帽子或眼鏡都必須要是穿習慣的。

比賽當天

在賽場上，我們要做的是觀察、試驗與調整，去認識自己當天的狀況與上限在哪裡。以下就針對一場全馬賽事，來說明如何試驗。

首先，需要先設下三個關鍵的 Mindset：

❶ 成績目標：不要去設定某個具體的完賽時間，而是把目標定在「後半馬比前半馬快 30 秒到 2 分鐘」。

❷ 中點設定：心態上，把「35 公里」當成比賽的「中點」，過了 35 公里才算跑完一半。前半程愈輕鬆愈好，把前 35 公里當成高強度的熱身，35 公里後要能夠略微加速。

❸ 心理目標：努力享受比賽。所謂的享受比賽，不是在比賽中追求辛苦，而是追求快樂。

有了上述三個明確的目標，以下就分別從 42.195 公里距離當中的

體力分配策略，來說明如何「試驗」與「調整」方式。

- 前5公里：不要被領先集團帶走，試著找到今天42公里要跑的節奏與配速；不要看錶，一切憑感覺，覺得太慢就略微加速，覺得太快就果斷降速。這5公里就在略快與略慢之間來微調，跟自己對話，就像在確認今天的狀況似的。目標是：找到自己覺得可以維持全馬的節奏與跑感。

- 第5至35公里：試著維持前5公里找到的節奏，過程中只要覺得腿部和腳掌有哪一部位覺得緊張、覺得喘氣加劇，就立即把配速減慢每公里20秒以上，藉此來調整。這段減速的距離可以是200m，也可以是400m或600m，直到自己找回輕鬆的跑感之後，再慢慢調整回前5公里找到的節奏。找回節奏之後，切忌貪快，不要急著加回來，不要加速到比第一個5公里所找到的節奏還快，要穩下來跑。在前半程，不斷跟自己對話，不斷問自己：現在是否處於「輕鬆上限」？有覺得緊的地方嗎？（只要有，就果斷放慢／放鬆一會）。現在的速度我可以輕鬆維持到35公里嗎？（如果不行就果斷放慢／放鬆一會）。還有，不斷問自己「我現在快樂嗎？」唯有當你覺得輕鬆、腳步輕快，才會覺得快樂，如果沒有快樂感，請不要管成績和配速，專注找回輕鬆與輕快感。

賽中三問：

❶【快／慢】當前速度的體感，是我「輕鬆」的上限嗎？
❷【鬆／緊】呼吸放鬆嗎？胸口放鬆嗎？肩膀放鬆嗎？腰部放鬆嗎？腿部放鬆嗎？有沒有哪個部位是緊繃的？若有緊繃的感覺，就要立即主動放慢放鬆。
❸【輕／頓】腳步有「輕快」的感覺嗎？有延遲感、頓挫感嗎？我現在感覺「快樂」嗎？

- 「中點」以後：要能夠微微加速，但也不要跑到大口喘氣的程度，否則表現會下降。

- 最後兩公里：可以逐漸去探索自己的極限，但不要急躁，每次只往前探一點點。同樣地，只要覺得有緊繃感或動作走樣，就要再降回來調整跑姿。也就是說：略微加速，但體感不能變，跑姿要維持住。只要一覺得跑姿走樣或開始大口喘氣，就要再降回來一些調整，所以不能加速太多。以這種探索自己極限的心情來跑向終點。

比賽過程中不要看錶的原因是，戴錶只是為了採集數據，作為賽

後與下一次比賽檢討之用。賽前一定要下定決心：不要看錶，不要看錶，不要看錶！這樣才能專注在自己的跑感上面。錶上的數據、配速與成績的計算都會分散你的專注力，影響你跑出最佳表現。

比賽時要「專注」與「放鬆」。為了做到這兩點，心理上不要去想數字，而是要專注在自己的身體上的「感覺」與心理面的「感受」上。感覺是肉體上的，感受是情緒與精神上的。專注在它們上面，並及時給予回饋，調整到正向的感覺與感受上。長距離比賽中會一定浮現各種問題，問題出現要讓自我1與自我2一起面對，不要用自我意識的意志力去「硬撐」或「忍耐」。要主動放鬆，讓身體緩一下，它才能接受，並繼續跑下去。

把進出水站當成調整節奏及休息。有些跑者進水站太匆忙，出水站也太急了，反而在進／出水站的時候變得更緊繃。我們要反而要學習在進／出水站時刻意放鬆。

把折返點也當成調整及休息。降速或折返後不要著急找回節奏，花時間再重新來過。折返時：僅管不累，折返前20到30步也試著主動放鬆。折返後：不急著加速，再放鬆20到30步，當作休息。接著身體向前，輕鬆地找回速度，繼續向終點移動。

最後再強調一次，我們比賽時成績上的目標是：「後半馬比前半馬快30秒到2分鐘」。比賽中心理上的目標是：「不追求辛苦，而是追求快樂。」

請先在比賽前想好，在賽道上表現好的時候，要說什麼樣的話語，或做出什麼動作（例如拍拍自己）來鼓勵自己（的潛意識）的

話。現在就請你想一想，並寫下比賽時做對事、跑得好、抓到節奏、做到主動放慢放鬆時，你要鼓勵自己的三句話（或三種方式）。

　　本章到這裡，提點了許多重點，可以整體歸納成下面三項行動：

- 意志力：使身體保持在關鍵跑姿的框架裡。
- 注意力：放在騰空時全身放鬆與放下的感覺。
- 應變力：隨時調整，不得過且過，感覺到些微緊繃時，要捨得主動放慢、主動放鬆。

半馬賽事前的建議

　　半馬比賽的建議，大部分與全馬相同，可以先參考上面全馬的建議。不過有兩個地方要調整：

- 心理目標：在盡力完賽的情況下做到「第二個10公里比第一個10公里快15至60秒」。若能做到，就代表你已接近自己當天的極限了。

- 中點設定：在心態上，把15公里當成比賽的「中點」，過了15

公里才算跑完一半。把前15公里當成高強度的熱身，15公里之後要能夠略微加速。

捨得放慢

比賽時要專注在自己身心的「感覺」和「感受」上面，發現某塊肌肉感覺變緊繃了、落地感覺變沉重了，或是情緒上變得有點痛苦、開始想逃避（想趕快結束的的心情）、無法享受在跑步的狀態中，就要即時調整，不能得過且過，要捨得主動放慢、主動放鬆。

什麼是「得過且過」？

比方說，你正在全馬的賽道上，剛通過第30公里的距離標示牌時，突然覺得小腿變緊繃，這是前5秒鐘感覺到的，這時就應立即主動放慢。

如果你為了維持速度而捨不得放慢，心想：「現在放慢，我可能就無法達到目標了……問題不嚴重，再撐一下可能就過去了……只剩12公里，再忍一下就結束了。」這些想法就是「得過且過」。

當你在賽道上發現細微的問題時，若能主動處理，防微杜漸，也許只要幾分鐘就能恢復，還可減少後面撞牆或抽筋的機率。

其實捨不得放慢，乃是人之常情。當我們的顯意識太執著於成績、名次，太在意某個配速或要跟上某個人（或配速員）時，就會選擇忽視問題。

若我們能夠覺察到自己「感覺」和「感受」上的不適，這其實跟

我們的潛意識反抗有關。當兩種意識之間產生衝突，我們就能感覺到身體或情緒上的不適。此時，如果顯意識可以主動下令放慢／放鬆，代表著主動向潛意識釋出和解的訊號。這種主動釋出的善意，將讓這兩個自我在比賽中重新融和，除了使跑者正常發揮之外，若身體狀況好，內在的兩個自我將有機會團結合作，發揮出超過平常水準的表現。

比賽盡力是什麼狀態？

2022年臺北馬拉松結束後，有些全馬訓練營的學員提到「跑完比賽後感覺還可以跑、還能跑」、「沒跑到撞牆」、「跑完感覺是最舒服的一次全馬」，或者「隔天還可以輕鬆小跑步」。有些學員或跑友聽到這樣的分享，可能會產生質疑：這樣是否代表著沒盡力？如果當初再積極一點、再努力一點，是否可以跑出更好的成績？

查看了他們訓練與比賽的數據後，我看得出來大多數有上述心得的跑者，其實已經「盡力」完賽了，只是這種「盡力」的方式可能跟許多人的想像很不一樣。

本書前面已經提過，很多人以為，所謂的「盡力」是要把體力榨乾，要跑到表情猙獰、力氣放盡，這樣才對得起自己和比賽。但這種盡力的方式，反而無法好好發揮自己的表現，而且對自己未來的訓練、進步幅度和表現都會形成阻礙。

知名跑者基普喬格在2022年的柏林馬拉松再次打破他個人保持的世界紀錄。我們可以先在YouTube上面看一段影片，是他距離終點的

最後500公尺的情況（https://youtu.be/hxDn4EEMank），看完之後再思考一個問題：「他有沒有盡力？」

　　從影片中可以看他在全馬最後500公尺的動作流暢，如同起跑前5公里；表情放鬆，過終點後沒有癱在地上，而是以輕快的腳步加上微笑的表情跑過終點，這個微笑不是裝出來的，從肢體動作可以看出他是在全身心都感覺輕快下跑進終點所展現出來的表情。沒有大口喘氣，看得出來腿部沒有僵硬與沉重感，肌肉仍是輕鬆的，進終點時很明顯「感覺還可以跑、還能跑」、「沒跑到撞牆」。從他的表情看得出來他跑得很暢快、很盡興，可以保證的是他隔天絕對「還可以輕鬆小跑步」。

　　請問，他盡力了嗎？

　　他在眾人的目光下打破了世界紀錄，毫無疑問。他在準備這場全馬與比賽過程中都盡力了 21，只是這種盡力的狀態可能跟大部分人的想像不同。不過從本書的觀點來看，那才是我們要追尋的「盡力方式」。

　　這種「盡力方式」不是只靠比賽當天的自我要求就能做到的，而是要在訓練中就反覆練習。我在訓練跑者時所設計的各種課表與動作就是在追求此種盡力方式。

　　雖然我們一輩子都無法達到頂尖選手的成績，但只要有心、知道方向，我們大部分的人都可以透過後天的努力做到同等於基普喬格在這場比賽中的盡力方式。

　　在2022年的全馬訓練營中，我發現已有些學員在最終的目標賽

事做到了（或者說是很接近了）頂尖選手的此種盡力狀態，就算沒做到，我也看得出來很多學員已經往這個目標在靠近了。

然而，我也看到有些學員雖然做到了，但因信心不足，還是會有所動搖。當他們聽到跑友說「你跑得這樣放鬆、過終點時動作還很流暢、還能笑、還能跑，是否沒盡力！？」（潛台詞是「跑得不夠認真！」或是「不夠用力跑！」）聽到別人這樣的評語時，有些跑者會懷疑自己是否沒盡力，是否應該再用力一點、再積極一點？

我想在此提醒大家：如果在比賽中，你已經全神貫注在「輕鬆上限」與「不適或痛苦」的邊界中不斷調整自己的狀況了，就算你到終點了還能跑，甚至還想跑，隔天也還能跑步，沒有明顯的痠痛感，那很好！你做對了很多事才能達到這個狀態，這也是我期望大家可以達到的狀態。這樣的話，你已經盡力了，這種盡力方式很接近上述影片中基普喬格在全馬賽場中的盡力方式。

2019年我主導的另一場全馬訓練營結束後有一位學員（北京學員孫朝陽）跑得相當好22，他回饋道：「這次賽後身體無任何不適，以前都會痠幾天。」有些人跑完後，腿也完全沒有疲累感，說還可以再跑，賽後隔天也忍不住都去跑步了。

雖然從我的標準來看，他跑出超水準表現，但他還是產生了「是否沒盡力」的自我懷疑。因為他的朋友好心提醒他：「跑完都沒有太累，跑後也沒有腿痠的感覺，代表比賽沒盡力，應該再更積極一點」。跑友是好心提醒，但他原本就已經好不容易被引導到訓練和比賽的正確道路上了，這種質疑的聲音會使他動搖，使他偏離之後的訓

練和比賽正軌。所以當時我也特地提醒他：「你已經把對的事做得很好了，不用被別人的懷疑帶偏。」

在所謂的精疲力盡、表情猙獰、齜牙咧嘴的「盡力」狀態中，身心之間已產生巨大衝突，所以速度已經下滑，運動表現已經下降。真正的盡力是內外身心能量順暢流動的狀態，「無衝突、無掙扎」是重點。所以比賽的課表設計以及最後的賽前分享會上，我不斷引導大家去達到那樣的狀態，那是我們會想要不斷返回的一種絕妙狀態。很高興看到許多多學員都做到了、體驗到了。

對「盡力」的意義還不夠理解的學員，可能會被自己或跑友的質疑動搖信心，所以這邊特別要跟大家強調：你很好，你已經盡力了，只是你的盡力方式跟他們的認知不一樣。你做對了！之後要繼續對下去，別被他人的話語動搖信心而又回到痛苦與掙扎的跑道上。

我研究這種盡力方式和訓練法已經很久了，我確信這是一條可以跑得更長更遠、更容易持續進步的道路，是一條符合自然規律的道路。道理其實不難，唯有當內在的兩種意識（顯意識與潛意識）學會「一起面對挑戰」，才不會有過多的內耗，才能發揮自己最大的潛能。而這是從多次的訓練、多次的比賽中去累積與訓練起來的（兩種意識的）「革命情感」，一種共同向前邁進的能量，才能轉化成心流或甚至更美妙的體驗。若持續以這個盡力目標來訓練和比賽，你將看到很不一樣的風景。

賽季外心態：下一階段的訓練

　　很多跑者為某場賽事設定目標，達成了很大的進步或破PB之後，往往很想趕快接著練下一輪課表。這時其實是很危險的。若剛爬上巔峰，還沒站穩，就想再往上爬，下場通常就是跌落山谷。

　　賽季後要刻意安排一段休息時間。這時就是刻意讓「成績／跑力」往下掉，不要想去維持它，就是要讓它掉下來。當然不是讓它掉到谷底，只是讓它掉下來一些（掉多一些也沒關係），因為這就是自然的規律：人無法一直維持在巔峰，無法一直往上進步。真正的進步，是有如下一頁圖11的波浪圖形一樣，有向上走的趨勢，一定要在某個時期主動讓RQ跑力掉下來，這樣日後再向上達到更高運動表現的機率將會增加。

圖 11 進步的趨勢

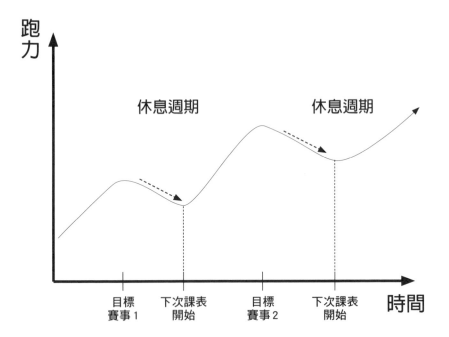

【結語】

心力無法量化

　　我記得在2016年時，跟Under Armour的夥伴討論籌劃一個跑者心志訓練營。當時他們問我：以心志為主軸來辦訓練營很好，但我們要如何量化學員的心志是否有變強？

　　這個問題一直在我的腦海中揮之不去。心理學家已開始用許多指標來量化一個人的心力大小，比如說用HRV來量化一個人的自制力。而跑步成績跟肌肉變大變壯、以前在學校的考試分數、出社會後的各種業績KPI，這些都是看得到的、可以量化、可以排名的。

　　而可量化的數字是在「心智」與「顯意識」中理解與運作的，所以追求數據時，會影響兩種意識的合作與和解。「練心」的成效不該被量化，因為「量化」的過程就會影響境界的高低。

　　社會已經充滿了各種量化的成效，跑圈裡也一再談論跑量、PB與各種數據。我們是否能在某一段日子裡當一個沒有追求什麼的跑者？在一個重視成效與數據的社會及跑步文化中，這的確很難，但在「以身練心」的訓練框架中，教練與跑者個人應該努力為自我設立一個框架，一個隔絕業績主義的保護傘，守住一個不計成效的心理狀態。

　　套用村上春樹的話：「這是凌駕於『效率』之上的問題。」當你

開始在「練心」的過程中追求效率，心就開始變質。

2017年5月6日那一天，三位頂尖的菁英長跑選手（Lelisa Desisa、Zersenay Tadese 和前面提到的基普喬格）在義大利蒙扎賽道一起挑戰馬拉松破二的紀錄，這次挑戰並由國家地理頻道拍成紀錄片。

三位選手中，來自厄利垂亞的 Zersenay Tadese，半馬最佳成績是58分23秒，是當時半馬世界紀錄保持人。來自衣索比亞的 Lelisa Desisa 很年輕就轉往全馬發展，在23歲時就獲得了波士頓馬拉松的冠軍，而且全馬最佳有2小時4分45秒的成績，是少數能在23歲以前就跑進2小時5分的頂尖選手。

這場挑戰賽當天，最後跑進終點的是 Desisa，他以2小時14分10秒成績完賽；第二位是 Tadese，他以2小時6分51秒打破個人全馬最佳成績（之前他的全馬PB是2小時10分）。而此次挑戰最接近破二的是基普喬格，他以2小時00分25秒跑進終點。雖然因為不是正式比賽，所以該成績不被列入紀錄，但他挑戰人類極限的決心相當令人動容。

為什麼年紀不是最輕、運動生理數據也不是最亮眼的基普喬格，卻可以最接近破二的時間完賽呢？在這部紀錄片中，有位運動科學家從他的觀點回覆了這個問題。他說：「基普喬格有最強的心理素質，從來沒有看過這麼厲害的人。老實說，我完全不知道該怎麼描述他的

厲害。我在他身上看到心理素質的重要性。我們可以量測出生理上的數據，也能算出風阻、跑鞋的效率，這些都算得出來，但還有一塊數據是空白的，那就是一個人超越極限的決心！」

研究這個主題到現在，我的觀點是：「心」的能力無法量化，就算可以量化，也不該被量化！跑者的心力被量化後，反而有礙心性的成長。

可以量化的東西都是有價的。以「練心」為目的來訓練，你會感覺到自己內心的淨化和境界的昇華，雖然這種感受無法量化，但也因無法量化，所以無價。

註釋

1. 南懷瑾述著；蔡策記錄：《論語別裁》，臺北市：老古文化事業，2004年出版，頁605至606。

2. 〈論老莊思想中的數字「一」〉這篇論文已放在KFCS會員討論區中，有興趣的可以上去看全文，這篇論文中有提到：老子以「抱一」表示去守住一種最初的、最單純的狀態，要能達到此狀態在於「減損的功夫」；莊子則以「一志」來說明修養功夫中的過程是在於精神專一，但要達到這樣的「一志」之前還是要先有「減損的功夫」，只不過莊子說的是「離形去知」。

3. 「落下」（FALL）是指跑步加速階段的原理描述，跑者需要在「維持關鍵跑姿」的情況下來完成「落下」動作，但大多數的跑者在落下時「『無法維持』關鍵跑姿」，跑姿會走樣，愈能在落下階段維持住關鍵跑姿的跑者，跑起來愈省力、愈快、動作也愈優美。

4. 「拉起」（PULL）是指跑者要「回到」另一隻腳落地的「關鍵跑姿」，簡言之是：回到關鍵跑姿的動作描述。

5. 「正言若反」出自老子第六十四章，意思是正確的話（描述事物本質的話）只從表面上看來會跟本質相反。但兩個相反的道理都是有道理的。

6. 喬希・維茲勤著，游敏譯：《學習的王道》，台北市：大塊文化

出版，2009年9月出版，頁105。

7.　喬希・維茲勤著，游敏譯：《學習的王道》，台北市：大塊文化出版，2009年9月出版，頁105~106。

8.　Kelly McGonigal著；薛怡心譯：《輕鬆駕馭意志力》，台北市：先覺出版，2012年9月，頁83。

9.　出自羅伊・鮑梅斯特Roy F. Baumeister、約翰・堤爾尼John Tierney著；劉復苓譯：《增強你的意志力》（Willpower），頁51。

10.　摘自《動中覺察》，摩謝・費登奎斯著；陳怡如譯，臺北市：心靈工坊文化，2017年5月出版，頁88。

11.　《動中覺察》，摩謝・費登奎斯著；陳怡如譯，臺北市：心靈工坊文化，2017年5月出版，頁93。

12.　「心」內部的衝突有可能發生在Mind與Will之間，或是單獨發生在Will內部兩種意識（兩個自我）的衝突。

13.　成功跑者四元素的說法出自《丹尼爾斯博士跑步方程式》第一章。原文出處：Daniels' Running Formula, Jack Daniels, 4/ed, 2022, p3.

14.　330是指在全馬賽事中，跑進3小時30分的簡稱。

15.　這場演講可參看TED連結：https://www.ted.com/talks/mihaly_csikszentmihalyi_flow_the_secret_to_happiness?language=zh-tw#t-1120169

16.　三浦紫苑著；李建詮譯：《強風吹拂》，台北市：漫遊者文化出版社，2013年8月初版，頁389。

17. Janet Lowe著；吳四明譯：《凡人‧英雄‧世紀喬丹》，臺北市：方智，2001年出版，頁101。

18. 羅倫‧拉森比Roland Lazenby著；蔡世偉譯：《麥可喬丹傳》，臺北市：遠流，2015年6月出版，頁482。

19. 羅倫‧拉森比Roland Lazenby著；蔡世偉譯：《麥可喬丹傳》，臺北市：遠流，2015年6月出版，頁531。

20. 摘自：尼可拉斯‧羅曼諾夫博士著；徐國峰譯：《羅曼諾夫博士的姿勢跑法》：臺北市：臉譜出版，2015年，頁47。

21. 我分析過Kipchoge在2022年柏林馬拉松的比賽配速，從可查閱的公開數據（部分的每公里配速）可看出他在全場比賽中，主動放慢過至少5次。

22. 這位學員孫朝陽，原始PB是2019年初在廈門馬拉松跑出的3小時26分29秒。經過5個月的訓練營後，再次突破自我，最終跑出3小時10分21秒，而且跑進終點的狀態比廈馬當時好很多，帶著自信、愉快進終點（不是痛苦、懊悔與掙扎），這是最重要的，也正是KFCS訓練哲學當中最重要的元素。科學化訓練很重要沒錯，但它只是為了達到「流動狀態」以及在比賽中感受到自信、美好與深刻快樂的一種手段

國家圖書館出版品預行編目資料

跑者如何以身練心：第一本出自專業教練，專為跑者設計的「心智與心志」訓練策略：A runner's heart : a training approach for forging runners' mind and will and thereby improves physical performance/徐國峰著. -- 初版. -- 臺北市：遠流出版事業股份有限公司, 2023.10
面；　公分
ISBN 978-626-361-197-9(平裝)

1.CST: 運動心理 2.CST: 賽跑

528.9014   112011982

跑者如何以身練心

第一本出自專業教練，專為跑者設計的「心智與心志」訓練策略

A Runner's Heart: A Training Approach for Forging Runners' Mind and Will and Thereby Improves Physical Performance

作　　　者　徐國峰
行 銷 企 畫　劉妍伶
責 任 編 輯　陳希林
封 面 設 計　陳文德
內 文 構 成　6 宅貓

發　行　人　王榮文
出 版 發 行　遠流出版事業股份有限公司
　　　　　　地址　104005 臺北市中山區中山北路 1 段 11 號 13 樓
　　　　　　電話　02-2571-0297
　　　　　　傳真　02-2571-0197
　　　　　　郵撥　0189456-1
著作權顧問　蕭雄淋律師

2023 年 12 月 01 日 初版二刷
定　　　價　平裝新台幣 450 元（如有缺頁或破損，請寄回更換）
有著作權・侵害必究 Printed in Taiwan
ISBN 978-626-361-197-9
ᴙⅈᵇ 遠流博識網　http://www.ylib.com　E-mail: ylib@ylib.com